# Enseña dos veces

## Daniel García González

Primera edición
**Bilbao, mayo de 2020**
Última revisión: 13 de julio de 2021



© Daniel García González
  Ediciones Triple Eñe / TapaBlanda

ISBN: 978-84-120196-9-8

Depósito legal: BI-661-2020

*al docente inconformista*

## Sobre la obra:

La primera edición de este curso sobre coevaluación mediante talleres de Moodle se impartió en el seno del plan de Formación del profesorado universitario (FOPU) de la Universidad del País Vasco (UPV/EHU).

Desde entonces, otros centros docentes y facultades se han interesado por la versión presencial como acción formativa dirigida a sus profesores y profesoras.

La buena acogida tras sus sucesivas ediciones y el interés mostrado por los asistentes en contar con un libro recopilatorio de los materiales es lo que animó a compilar este volumen.

## Sobre el autor:

Daniel García González es profesor de Periodismo desde 2001 en la UPV/EHU, donde ha impartido asignaturas de Redacción, Diseño, Empresa, Infografía y, actualmente, Tecnología del Periodismo.

Licenciado en Publicidad y Relaciones Públicas así como en Periodismo por la UPV/EHU y en Derecho por la Universidad de Deusto, se doctoró con una tesis sobre la infografía en la prensa española y el caso del periódico bilbaíno El Correo, para el que también ha trabajado como infografista y visualizador de datos.

Está encantado de poder recibir todos los comentarios, ejemplos propios, dudas o sugerencias de mejora que estimes oportunas vía:

**DANIEL.GARCIA@EHU.EUS**

## Contenido adicional:

Accede a más contenidos, foro de dudas, talleres de ejemplo, etc. en:

**WWW.ENSENADOSVECES.COM**

# LOS AJUSTES


PÁG.

**Orígenes** . . . . . . . . . . . . . . . . . . . . . . . . . . . . . . . . . . . . . . . . . . 9

**En breve** . . . . . . . . . . . . . . . . . . . . . . . . . . . . . . . . . . . . . . . . . . 11

**Los Ajustes Generales** . . . . . . . . . . . . . . . . . . . . . . . . . . . . . . 16

**General** . . . . . . . . . . . . . . . . . . . . . . . . . . 18

**Ajustes de calificación** . . . . . . . . . . . . . 19
Las cuatro estrategias

**Parámetros de los envíos** . . . . . . . . . . 22

**Configuración de la evaluación** . . . . . . 24

**Comentario** . . . . . . . . . . . . . . . . . . . . . . . 25

**Envíos de ejemplo** . . . . . . . . . . . . . . . . . 27

**Disponibilidad** . . . . . . . . . . . . . . . . . . . . . 28

**Ajustes comunes del módulo** . . . . . . . . 30
Modo de grupo

**Restricciones de acceso** . . . . . . . . . . . . 32

**Finalización de la actividad** . . . . . . . . . 33

**El panel de control** . . . . . . . . . . 34

# LAS CINCO FASES


PÁG.

**1. Configuración** .......... 37

Editar el formato de evaluación . . . . . . . . . . . . . . . . . . 39

**Calificación acumulativa** . . . . . . . . . . . . . . . . . . 40

**Comentarios** . . . . . . . . . . . . . . . . . . 42

**Número de errores** . . . . . . . . . . . . . . . . . . 44

Qué es eso de la tabla de mapeo de calificaciones . . . . . . . . . . . . . . 46

**Rúbrica** . . . . . . . . . . . . . . . . . . 48

Consejos para adaptar tu rúbrica a Moodle . . . . . . . . . . . . 52

**2. Envío** .......... 53

Qué ven ellos . . . . . . . . . . . . . . . . . . 54

Qué vemos nosotros . . . . . . . . . . . . . . . . . . 55

**3. Asignación** .......... 57

Cómo resetear . . . . . . . . . . . . . . . . . . 58

Consideraciones previas . . . . . . . . . . . . . . . . . . 59

Cuántas tareas asignar . . . . . . . . . . . . . . . . . . 60

Asignación **Aleatoria** . . . . . . . . . . . . . . . . . . 61

Asignar fuera de plazo . . . . . . . . . . . . . . . . . . 64

Asignación **Programada** . . . . . . . . . . . . . . . . . . 65

Resumen: avance automático del taller . . . . . . . . . . . . . . . . . . 66

Asignación **Manual** . . . . . . . . . . . . . . . . . . 67

**4. Evaluación** .......... 69

Qué ven ellos . . . . . . . . . . . . . . . . . . 70

Qué vemos nosotros . . . . . . . . . . . . . . . . . . 71

¿Son anónimos los cruces? Modificar los permisos . . . . . . . . . . . . . . 72

**5. Calificación** .......... 73

1. Entender la rejilla de resultados . . . . . . . . . . . . . . . . . . 75

2. Cómo se calculan esas dos notas . . . . . . . . . . . . . . . . . . 79

Por el envío . . . . . . . . . . . . . . . . . . 79

Por la evaluación . . . . . . . . . . . . . . . . . . 80

Así funciona la curva de exigencia . . . . . . . . . . . . . . . . . . 84

Y así influye la unanimidad de ese consenso . . . . . . . . . . . . . . . . . . 85

3. Supervisar y modificar calificaciones . . . . . . . . . . . . . . . . . . 87

Los bloques negros y rojos [88]. Revisores peores, mejores y pasotas [89]. Modificación de calificaciones [90]. Ajustar la evaluación de los 'peores' revisores [92]. Ajustar la evaluación de los pasotas [94]. Ajustar evaluaciones desde el lado opuesto, el del evaluado [94]. Los nuevos símbolos en la rejilla de resultados [97]. Eliminar un envío [98]. Publicarlo [98]. Borrar evaluaciones [98].

**Cierre** .......... 99

Qué ven ellos . . . . . . . . . . . . . . . . . . 101

¿Es reversible? Qué puedo modificar tras haber cerrado el taller . . . . . . . . . 104

Reutilización del taller . . . . . . . . . . . . . . . . . . 106

# Orígenes

### El villano de toda esta historia

A comienzos de este siglo, cuando yo aún era un profesor novel y con la vocación docente aún intacta –qué tiempos aquellos– dos estudiantes se me acercaron en el pasillo para comentarme una inquietud. Al parecer había llegado hasta sus oídos que en el otro grupo, en el de mañana, avanzábamos más lentamente y por tanto se impartía menos materia que en el suyo, el de tarde. Estaban, por tanto, 'aprendiendo más', por lo que les preocupaba que su examen también acabase abarcando más epígrafes del temario y fuese más exigente que el de sus colegas matutinos. Hasta aquí nada nuevo. Lo que de aquella conversación jamás se me olvidará son un par de palabras que uno de ellos utilizó para referirse a aquel legítimo interés por que la prueba fuese equilibrada, y es que de pronto reivindicó, impasible, su "**derecho a saber menos**" [SIC].

El *lapsus linguae* no pasaría de ser eso, una simple anécdota, si no fuera porque mostraba un trasfondo muchísimo más preocupante. Y es la triste realidad de que, en la docencia reglada, a ojos de nuestros estudiantes somos, antes que profesores, los examinadores. Antes que sus colaboradores en la tarea de aprender, sus jueces y policías. ¿Acaso entraría alguien en un concierto, en un cine o en un restaurante con una actitud similar? "*...señores, yo ya he pagado la cuenta pero ahora exijo mi derecho a que se cancele el concierto, la proyección de la película o a que me den de comer lo mínimo posible...*". Qué cosas.

Y sin embargo, en el aula esto es así: cuando por cualquier motivo nos vemos obligados a acortar una clase la respuesta generalizada es de gozo y algarabía. Igualmente si pronunciamos la frase mágica "*...bueno, quedan unos minutos pero por hoy lo vamos a dejar aquí...*" o "*...este epígrafe no lo vamos a poder estudiar...*" no se conoce el caso de que una jauría encolerizada haya reivindicado ningún derecho a apurar los minutos de clase hasta el final o a que se imparta el temario en su estricta totalidad.

El profesor de Harvard Eric Mazur definió la evaluación sumativa, el examen, como el '**asesino silencioso del aprendizaje**'. Durante lustros yo también lo he visualizado como el villano de la historia. Somos docentes *a pesar* y *en contra* de ese otro rol, de policía y juez, al que a veces acabamos dedicando incluso más tiempo y preocupaciones.

Desde que descubrí la coevaluación asistida por ordenador he recuperado la esperanza en una docencia plena. Preparar estos talleres me ha vuelto a poner a prueba intelectualmente. Ahora siento que el diseño de cada actividad y la redacción de cada rúbrica sí se merece ese tiempo de dedicación. Veo frutos tangibles. Por eso mediante este libro busco simplificaros la parte técnica para que no os sea un impedimento a quienes queráis sumergiros en ella y porque creo firmemente que una buena coevaluación entre pares debe trascender a la tecnología. Que no sea ése el obstáculo.

# En breve

## En qué consiste un taller de coevaluación

En una tarea doble que solicitamos a los estudiantes, ya que, además de que entreguen su ejercicio, les pedimos también que evalúen qué tal lo han hecho sus compañeros mediante un cuestionario, rúbrica o pautas guiadas que diseña el profesor. Esto lo llevamos haciendo en el aula desde siempre, compartiendo unos simples formularios en papel entre pares y calculando después las notas manualmente. Hasta aquí nada nuevo.

## Qué nos facilita Moodle

Este software gratuito y abierto no sólo permite realizar esto mismo de forma no presencial –online–, sino que nos ayuda a poner orden en las entregas y los cruces posteriores, de forma que cada estudiante pueda coevaluar no sólo a uno o dos de sus pares sino a muchos más, además de facilitarnos después la recogida de los feedback que se devuelven entre sí y el cálculo de las calificaciones. Además de publicar y compartir los resultados. Todo esto también podríamos llegar a hacerlo los docentes de forma analógica, pero a costa de un enorme esfuerzo y una ingente dedicación de tiempo.

## Y en qué momento se convierte en imprescindible

Cuando, además, la máquina calcula no sólo la nota media que está recibiendo cada entrega, sino que también juzga esa otra tarea de evaluación –nos calcula una segunda calificación por cada participante– y permite detectar las posibles desviaciones de aquellos revisores que se pudieran estar comportando con mala fe o simplemente con desidia. De pronto es el propio grupo el que necesariamente se autocontrola. La comunidad de participantes, mediante la acumulación de agregados estadísticos, produce calificaciones que se acercan a las que otorgaría el propio profesor y así éste puede verse aliviado de su habitual rol heteroevaluador –de Policía–, para, como mero supervisor del proceso, centrarse en su función pedagógica. Las decenas de **miles de cálculos necesarios** para conseguir este resultado se escaparían de nuestro alcance. Se diría que un taller de coevaluación queda cojo sin esta otra faceta, asistida por ordenador.

## Cómo te lo contamos en este libro:

Cada lector tendrá sus propias necesidades. Algunos de vosotros y vosotras ya habréis intentado configurar un taller y acudiréis con dudas puntuales, mientras que para el resto puede resultar totalmente nuevo. De ahí que el libro parta desde cero, pensando tanto en quien nunca haya configurado un taller –para que pueda hacerlo paso a paso–, como también en quienes acudan con alguna duda muy concreta y lo quieran usar como manual de referencia rápida –los epígrafes y las explicaciones intentan replicar el orden cronológico en que os aparecen en Moodle, para facilitar esa búsqueda– o simplemente deseen aplicar los trucos que comparto, derivados de mi experiencia con los talleres.

**Hay dos dificultades principales para dominar los talleres:**

1.  De todos los que existen, Moodle es el sistema de gestión de aprendizaje o *Learning Management System* (LMS) más extendido en el mundo por su enorme versatilidad y su gran velocidad de funcionamiento, pero para lograr ambas se apoya precisamente en la que también es su mayor debilidad, una monótona **interfaz basado en texto** escasamente *user friendly*. El no iniciado puede llegar a desesperarse entre epígrafes algo confusos y con denominaciones redundantes, la sobriedad de los menús y las diferentes pantallas, etc. De ahí que se haga imprescindible habituarse a su uso, por encima incluso de 'aprender' a usarlo. Su curva de aprendizaje recuerda a la de un idioma, para el que es más importante **practicarlo sin parar** que conocer su sintaxis y normas internas.

2. Pero claro, ese *practicar* sin parar exige recurrir a continuos ensayos de prueba y error, un margen que habrás comprobado que es perfectamente asumible con otras herramientas de Moodle, en las que podemos ir **probando y equivocándonos en privado** hasta quedarnos satisfechos con el resultado y pasar a mostrárselo a los estudiantes. Pero en el caso específico de los talleres, en los que es imprescindible contar con una comunidad de participantes que interactúe continuamente para ir viendo los avances, no podemos permitirnos el lujo de fallar tan a menudo como nos gustaría. Si a ello le añadimos que es una actividad que cristaliza en una calificación –lo más sagrado para el estudiante y por tanto siempre algo confrontativa, con los intereses del docente y del alumno enfrentados– nos encontramos con una **pescadilla que se muerde la cola**: para aprender a usarlo necesitaré poder cometer errores pero en este caso no puedo permitírmelos por la trascendencia del propio taller...

Por ello he procurado con todas mis fuerzas que estas páginas se alejen de los fríos manuales que suelen prepararnos las instituciones docentes o los materiales oficiales que pone Moodle a nuestra disposición. Este libro **se nutre por un lado de todos esos errores** que me fue necesario cometer en mi ansia por 'enseñar más' a mis estudiantes mediante talleres que amortizasen dos veces ese esfuerzo y dedicación invertidos en su aplicación. Y, por otro, de la experiencia en el curso homónimo, *Teach Twice* impartido en diversas facultades de la Universidad del País Vasco gracias a la confianza prestada por su Servicio de Asesoramiento Educativo, que creyó en este proyecto desde el comienzo. Y es que resolviendo las dudas e inquietudes que me habéis ido planteando los profesores participantes he podido aprender otras perspectivas y usos de esta herramienta que nunca se me habrían ocurrido a mí.

## A cambio ofrecen tres grandes ventajas:

La principal es de tipo pedagógico. Y es que de los seis niveles cognitivos que invocamos entre nuestros estudiantes (Memorización, Comprensión, Aplicación, etc. –ver taxonomía de Bloom–) los de Evaluación y Síntesis (creatividad) están en la cúspide de la pirámide. Son los más cercanos a un **Aprendizaje Auténtico** y transformador. La academia nos recuerda constantemente que mediante la coevaluación no sólo enseñamos *más*, sino también *mejor*. Todos hemos pensado alguna vez mientras corregíamos ejercicios, rotulador rojo en mano... «*lástima. Si ellos mismos pudieran ver estos estupendos ejemplos, cuánto aprenderían*» e incluso reflexionado sobre el hecho de que es precisamente corrigiendo como más aprendemos los docentes. En una de las asignaturas que me ha tocado impartir –sobre redacción periodística– llegué a la triste y rotunda conclusión de que acaparar ese papel heteroevaluador y no permitir al alumnado participar de la corrección es ni más ni menos que *robarles* esa valiosísima segunda oportunidad de aprender. Devolvámosles lo que es suyo.

La segunda ventaja es la impresionante **escalabilidad** de la herramienta. Y es que organizar un taller para 10 estudiantes exige una cierta dedicación, pero hacerlo para 100 o para 1.000 sólo exige un poco más. Y por si esto fuera poco, una vez utilizados la primera vez y depurados pueden reutilizarse sin fin. Desde nuestras instituciones docentes se nos urge a diseñar un tipo de evaluación que sea a la vez formativa, continuada y sostenible. La tradicional *Evaluación Continua* basada en ejercicios prácticos cumple las dos primeras premisas pero falla en lo tercero: está limitada por nuestra capacidad de dedicación y nos aboca a un modelo difícilmente escalable o aplicable a grupos de estudiantes numerosos. La coletilla que ponemos todos los profesores a esa demanda de evaluación 'auténtica' es, sin excepción, la escasez de recursos: *la falta de tiempo... el gran número de estudiantes matriculados...*, etc. Por el contrario, con la organización de talleres de coevaluación, lejos de estar limitados por el tamaño del grupo, el sistema **aumenta en fiabilidad precisamente cuanto mayor sea la muestra.**

La tercera es ya un poco más subjetiva:

Y es que tras años y años agarrando el rotulador rojo para corregir los mismos tipos de errores una y otra vez, como en el mito de Sísifo, la ilusión y vocación docente va necesariamente desgastándose. Por el contrario, la construcción de una buena rúbrica en la que llegar a sistematizar esa toma de decisiones que hay tras cada evaluación supone un **desafío intelectual continuo.** A lo largo de nuestra vida profesional todos nos hemos topado con compañeros y compañeras ejemplo de ambos perfiles extremos: en un lado personas admirables por su abnegación y enorme capacidad de sacrificio ante tareas repetitivas y en el opuesto inconformistas movidos por un anhelo innovador y por la búsqueda de una respuesta a ese eterno reto: «*¿Hasta dónde podría conseguir que la roca subiera por sí misma y a partir de qué punto es imprescindible que la siga empujando yo?*».

Las civilizaciones –y la Educación– han llegado hasta aquí gracias siempre a ciudadanos –y docentes– de ambos patrones opuestos. Y si, por la razón que sea, este libro ha acabado en tus manos es bastante probable que te decantes más por el segundo.

## Otras barreras de entrada

Por otro lado, hay también algunos condicionantes previos u obstáculos que a veces me han llevado a desaconsejar la utilización de talleres a algunos profesores.

La primera es que su utilización ha de ser entendida como una rentabilísima **inversión** de tiempo. Pero, claro, para poder invertirlo es imprescindible tenerlo previamente. Pretender utilizarlos como solución de emergencia es no comprender su funcionamiento. El retorno de la inversión se produce, según mis cálculos, a partir del tercer o cuarto uso. Si incluimos también los minutos que estás dedicando ahora mismo a la lectura de este libro pongamos que a partir del quinto. Ahora bien, es un retorno seguro, una inversión garantizada. Dentro de poco te verás **aportando unas tres horas de trabajo para producir lo que antes te llevaba veinte**. Palabra de bilbaíno.

La segunda es que el cálculo de las calificaciones y el control del proceso del taller nos va a demandar si no unas ciertas nociones de estadística, sí al menos **no tenerle miedo a los porcentajes**. No va a ser necesario ser un catedrático en Probabilidad o Álgebra ni mucho menos un avezado jugador de póker –nótese la secuencia–, pero a veces sí nos va a tocar supervisar a ojo de buen cubero ristras de números para dilucidar, con una cierta agilidad, si se están produciendo desequilibrios flagrantes, errores evidentes o tendencias invertidas. El funcionamiento del taller se basa en la fiabilidad que da ampliar una muestra. Y es que si encuestásemos a sólo dos individuos las respuestas podrían ser perfectamente válidas o totalmente dispares como fruto del azar, pero cuando encuestamos a veinte el agregado de datos comienza a acercarse más a la realidad. Por la misma razón es mucho más aconsejable realizar cinco talleres mediocres a pretender esforzarse en lograr uno perfecto. Éste es uno de los cimientos en los que se asienta todo lo que sigue, así que si buscabas un instrumento de medida infalible o totalmente objetivo deberás rastrear en otra dirección. E igualmente, a quienes tengan una alergia insuperable a los datos les recomendaría cerrar el libro en esta página, regalárselo a un compañero y retornar al rotulador rojo.

La tercera barrera de entrada son los importantísimos **condicionantes temporales de este tipo de actividad, tan coral**. Los profesores solemos tender a una cierta flexibilidad en los plazos de entrega de tareas, sobre todo si constatamos la buena fe de nuestros y nuestras estudiantes. Así, a cambio de diferentes tipos de tributos –una pequeña penalización en la nota, una enorme sonrisa, un justificante médico, etc.– solemos amortiguar esos incumplimientos. A fin de cuentas todo queda en casa y a nosotros también nos interesa mantener una cierta legitimidad moral o esa cercanía/empatía con el alumnado. Y lo peor de todo, esas criaturitas también dan por hecho un cierto grado de holgura en la norma. Ahora bien, cuando se trata de programar una máquina que va a organizar logísticamente a una pequeña comunidad para que se coevalúe, la cosa cambia drásticamente. De pronto esto va a funcionar como un aeropuerto. Las puertas de embarque quizás puedan esperar unos minutos para recoger a ese pasajero impuntual, pero tras el despegue será mucho más difícil que el avión retorne por él. Y en el caso de los talleres –da igual que los prepares de dos horas, de dos semanas o de dos meses–, van a producirse momentos de cierre de fase programados de antemano, como el de entrega de la tarea o el de la coevaluación de ajenas, que a veces chocarán con esa cultura de transigencia en los plazos a la que estamos habituados tanto el alumnado como el profesorado. Estas tiranteces entre el funcionamiento inflexible de la máquina y el más relajado del grupo humano nos obligarán a –cual lavadora en marcha que se tiene que detener para aceptar ese calcetín retrasado– tomar decisiones ingratas, como dejar fuera –para la próxima colada– a ciertos pasajeros. Mi consejo aquí vuelve a ser realizar **más talleres que otorguen menos nota** cada uno, en lugar de uno único en la que se decida todo y convierta en un drama lidiar con las impuntualidades.

La cuarta es la **dificultad de redactar buenas rúbricas** de evaluación. Aunque este libro verse sobre cómo configurar técnicamente y utilizar una herramienta digital, lamento comunicarte que esto va a ser lo más sencillo de todo. Decía Homer Simpson que él sólo conocía *«...Tres tipos de personas: las que saben contar y las que no...»*. Pues bien, yo sólo conozco dos tipos de docentes: los que aún no se han estrenado en el diseño de una rúbrica y los que ya conocen las enormes dificultades que entraña redactarla bien. Si aún estás en el primer grupo te urge pasar al segundo cuanto antes. Y aunque éste no sea un tratado sobre pedagogía o instrumentos de medida ni tampoco pretenda sentar cátedra en el diseño de rúbricas de evaluación, desde el primer capítulo necesitaré pedirte que redactes al menos una [ojea antes la página 52], porque va a condicionar absolutamente todo. Serán los cimientos de tu taller. Sin ella construirás sobre arenas movedizas. De verdad. Preparar ese mini formulario de evaluación es previo a todo lo demás. Si tuviera que destacar un párrafo de todo el libro para grabarlo a fuego sería, sin duda, éste.

Y una última mala noticia. Por si no te habías fijado, a tu alumnado no es que le vaya a hacer una enorme ilusión tener que evaluar los ejercicios de sus compañeros. Aunque desde el punto de vista de la docencia nos podamos sentir más implicados con nuestra misión docente o hagamos este esfuerzo extra por implementar estrategias pedagógicas colaborativas, innovadoras y de formación basada en el aprendizaje auténtico... *[bla, bla, bla...]* cuidado. Recuerda que para sus destinatarios sólo se traduce en una cosa: «más-car-ga-de-tra-ba-jo». Y punto pelota. Si mediante los talleres esperabas mejorar las encuestas de satisfacción del alumnado* vete preparándote, que su percepción va a ser justo la opuesta. Más bien un ceño fruncido... *«nos estás endiñando una tarea que te correspondía a ti»*. Por ello nos tocará trasladarles continuamente el mensaje contrario, mediante una **estrategia de comunicación** que les deje claro que su profesor o profesora se está tomando tan en serio como ellos este proceso y que en absoluto supone un abandono de nuestras responsabilidades sino todo lo contrario. Necesitaremos imaginar las tareas también desde el otro lado, el suyo, y entender los intereses contrapuestos de todos y todas con un poco de empatía y habilidades psicológicas.

*Si lo que realmente buscas es mejorar esas encuestas de satisfacción te aconsejo leer ***Los secretos de las presentaciones de Steve Jobs***, de Carmine Gallo y ***Brain Rules*** del neurólogo John Medina, traducido al castellano como ***Exprime tus neuronas***. A nuestro auditorio lo quemamos en el aula y estos dos libros, –a primera vista no dedicados a la docencia– me permitieron dar un giro copernicano a las exposiciones en el aula. Funcionó desde el primer día. Pero esa es ya otra historia

Dicho lo cual:

Te aseguro que compensa. Comienzas un itinerario fascinante. Tras veinte años dedicado a la docencia, con a veces más éxito y otras veces menos, he descubierto los talleres de coevaluación asistida por ordenador y ahora siento que, por primera vez, mi tiempo sí se dedica a construir algo realmente importante y que devuelve resultados tangibles, semana tras semana.

# Por dónde empiezo

**Pues empezamos por *Añadir una actividad.*** Igual que cuando queremos publicar cualquier otro tipo de documento en nuestro curso, el punto de inicio es *Activar Edición* y a continuación pulsar *Añade una actividad o un recurso.*

Dependiendo de tu versión de Moodle lo puedes encontrar en un único botón o por separado, es decir, por un lado 'Añadir un **recurso**' —referido a aquellos elementos más estáticos o pasivos, como Archivo, Carpeta, Etiqueta, Libro, Página, URL— y por otro 'Añadir una **actividad**' —estas otras sí movilizan al alumnado, le obligan a participar, responder o entregar ejercicios, como Tareas, Encuestas, Cuestionarios, Foros de discusión, Encuestas, Wikis o esta que nos ocupa: el **Taller** –.

Ese icono del taller puede adoptar diferentes aspectos dependiendo también del tema instalado en tu versión de Moodle

# Los Ajustes Generales

A continuación, la página de edición de **Ajustes** (*Agregando un nuevo Taller*) contiene una docena de apartados desplegables algunos de cuyos rótulos ya nos suenan por ser comunes a otros recursos –como *General*, *Ajustes de calificación*, *Disponibilidad*, Restricciones de acceso, etc.–. Vamos a desgranarlos uno a uno en el mismo orden que te aparecerán en pantalla. Para explorar todos los epigrafes suele ser más cómodo **'expandirlos'** previamente.







Epígrafes colapsados



Epígrafes expandidos

## General

El *Nombre del taller* será el título breve que tus estudiantes verán en la portada del curso junto al resto de recursos de tu asignatura, sin adornos ni diseño ninguno, mientras que la *Descripción* sí admite edición de estilos –negritas, inclusión de imágenes, tablas, links, etc.– y por ello es opcional que ésta se ***muestre*** o no (casilla inferior). Entre las dos anuncian el **tema** del taller, es decir, no son aún las 'instrucciones' de entrega de la tarea, que tendrán su apartado correspondiente más adelante.

Mi consejo es que mientras el taller esté vivo sí mostremos una **breve descripción** en la página del curso, para destacar su presencia, ya que de lo contrario puede pasar desapercibido al competir con el resto de recursos de tu asignatura. Bastará una o dos frases anunciando en qué consiste el taller o un pequeño logo o imagen que lo identifique–. Aconsejo un verbo en imperativo –»*Responde aquí... Haz clic para entregar tu tarea...*»–.

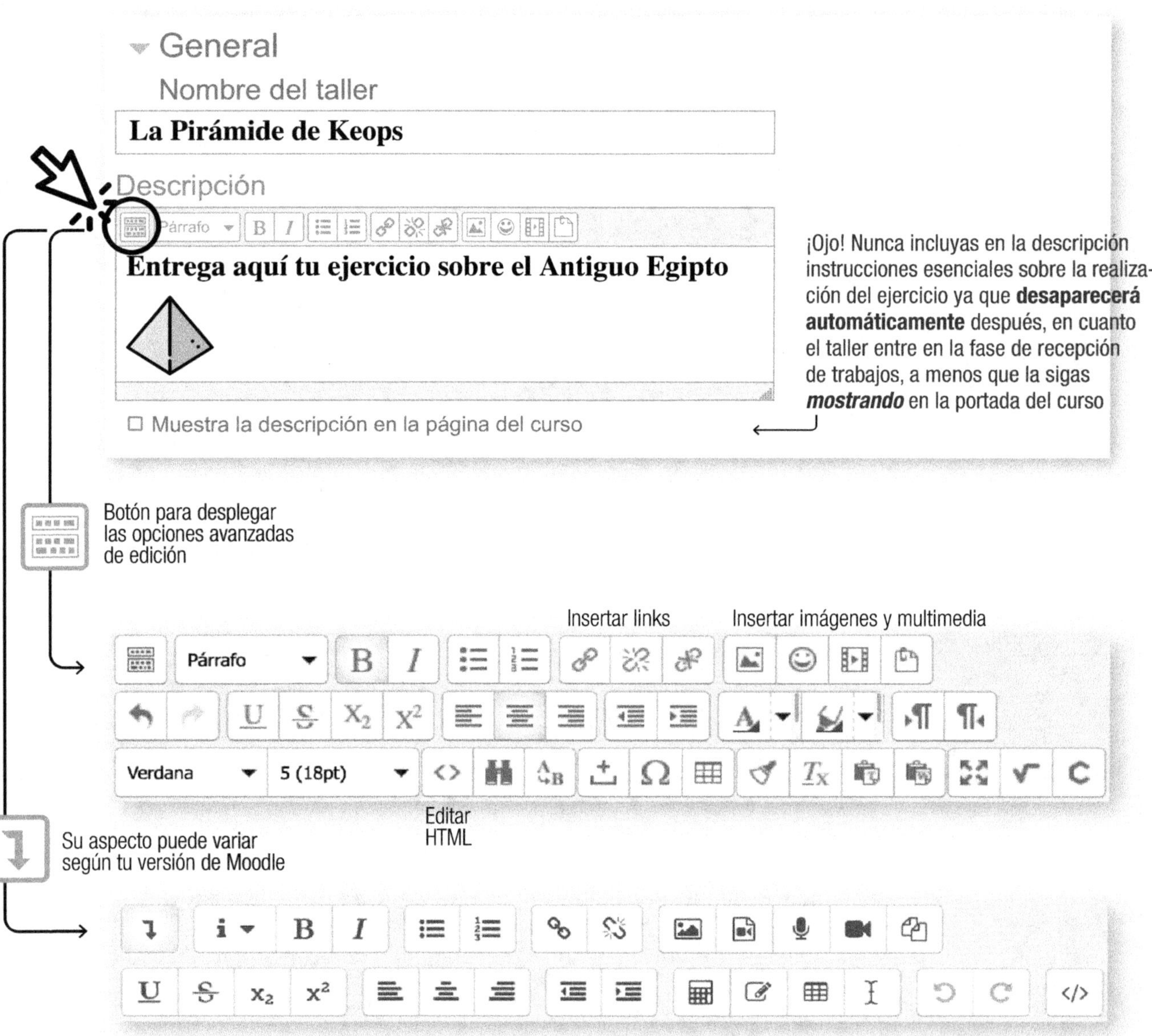

## Ajustes de calificación

Este apartado es vital. Aquí ya sí tomamos las primeras decisiones que afectan a la esencia del taller. La primera es elegir entre las cuatro *Estrategias de calificación* posibles. Tan decisivo es este paso que Moodle en su documentación oficial clasifica en cuatro los *Tipos de taller* –así los denomina literalmente– atendiendo a estas cuatro opciones. A lo largo del libro las desgranaremos. De momento es importante que sepas que tu elección se va a reducir en esencia de cuatro a sólo dos opciones. Por la siguiente razón:

### ▾ Ajustes de calificación

| | |
|---|---|
| Estrategia de calificación | Rúbrica ⬍ |
| Calificación por el envío | 60 ⬍   Sin categorizar ⬍ |
| Calificación para aprobar la entrega | |
| Calificación de la evaluación | 40 ⬍   Sin categorizar ⬍ |
| Calificación para aprobar la evaluación | |
| Decimales en las calificaciones | 0 ⬍ |

Calificación acumulativa
Comentarios
Número de errores
✓ Rúbrica

Se nos muestran por orden alfabético, pero ***Comentarios*** es diferente a las demás

Aunque las cuatro nos aparezcan ordenadas alfabéticamente en el desplegable (*Calificación acumulativa, Comentarios, Número de errores y Rúbrica'*) en realidad una de ellas es cualitativamente diferente a las otras tres. Se trata de la de **Comentarios**, que consiste en un taller en el que los estudiantes **no califican ni otorgan una nota numérica a sus compañeros**, sino que simplemente se limitan a cruzarse feedback, consejos y opiniones. O sea, todos obtienen un 'diez' por su mera participación. Se trata de una estupenda herramienta de dinamización de grupo, pero si deseamos que esta tarea devuelva calificaciones diferenciadas nos tocaría calcularlas a nosotros después.

Por el contrario, con las otras tres estrategias sí tendremos que diseñar unos formularios de calificación del trabajo ajeno mediante escalas (por ejemplo, Bien/Mal/Regular) puntuaciones numéricas (por ejemplo de 0 a 5) y listado de posibles errores (Sí/No).

Aunque estamos decidiendo una característica esencial de taller resulta que es posible **cambiar de estrategia de calificación a posteriori**, sobre la marcha, incluso tras las entregas y evaluaciones. Es decir, podríamos poner en marcha el taller primero como foro de feedbacks cruzados (*Comentarios*) y después de que los estudiantes

De entre las tres estrategias que sí suponen calificación aconsejo comenzar utilizando la '**Rúbrica**' mientras no estemos familiarizados con el funcionamiento de las demás. Además, ésta es tan versátil que permite adaptarse y funcionar como las otras dos, algo más limitadas

han entregado, revisado y compartido opiniones, volver atrás para permitirles modificar sus propios ejercicios a la vista de esos comentarios recibidos y convertir el taller al formato *Rúbrica*. Pero antes deberás dominar sus diferentes *Fases*, que veremos en breve.

¿Y cuántos puntos valdrá el ejercicio y cuántos la evaluación de los ajenos?

A continuación mediante la calificación *por el envío* y *por la evaluación* decidiremos la puntuación que queremos otorgar respectivamente a ese ejercicio entregado (de 0 a 100) y a esa otra labor de revisión de los ajenos (también de 0 a 100). Para calcularlo yo suelo atender aquí al tiempo que les va a llevar cada fase. Por ejemplo, si creo que responder a la pregunta les costará unos veinte minutos mientras que evaluar las ajenas treinta, entonces otorgo 2 y 3 puntos respectivamente.

También somos libres de elegir 20 y 30 (sin decimales) ó 2 y 3 con un decimal, que vendría a ser parecido. Personalmente me decanto por esta segunda opción. Realizar más talleres a lo largo del curso y otorgar un número de puntos muy bajo a cada uno, de forma que los estudiantes **perciban que en cada ejercicio sólo están arriesgando unas décimas** de la nota. Esto les tranquiliza y relaja todo el proceso

Si nos resulta más cómodo imaginarlas como porcentajes podemos elegir dos cifras que sumen cien (60/40, 20/80, 0/100). Nótese que ambas tareas podrían puntuarse indistintamente de cero a cien (y sumarían 200 en total), o de cero a uno (en este segundo caso sumarían 2 y nos convendría añadir algún decimal con el menú inferior: *Decimales en las calificaciones*). Ahora bien, por comodidad, elige una numeración que se adapte después al resto de ejercicios o evaluaciones que hayas anunciado en tu asignatura. Si este taller en concreto va a valer un 15% de su calificación final, al estudiante le resultará también más fácil imaginarse esas 15 décimas distribuidas así (por ejemplo cinco por su entrega y diez por la evaluación de ejercicios ajenos, o viceversa) y a ti también realizar los cálculos posteriores, claro.

Ahora bien, si ya sueles utilizar el *Libro de Calificaciones* de Moodle y lo estás usando para recopilar automáticamente los agregados de sus diferentes tareas —o piensas hacerlo en el futuro— o simplemente impartís la asignatura entre varios docentes que solicitan diferentes prácticas, entonces te conviene, por comodidad, que estas dos cifras se muevan en el mismo **orden de magnitud** que las del resto de ejercicios.

De esa forma, si a principio de curso les pediste una breve tarea de unos pocos minutos y la puntuaste de cero a diez, ahora, para mantener la proporcionalidad con el siguiente taller, que, pongamos, les llevará siete veces ese tiempo, te convendría puntuarlo de cero a setenta (por ejemplo 20/50) y ahorrarte así después el esfuerzo de tener que recalcular los pesos parciales.

Dentro de unos días, cuando cierres el taller y lo des por finalizado, Moodle le mostrará éstas dos cifras a los participantes así.

A cada participante sus dos calificaciones: **cada una junto al total** sobre la que está calculada. Y en este caso siempre con **dos** decimales.

Sus calificaciones ▾

| Calificación por el envío | Calificación por la evaluación |
|:---:|:---:|
| **2,37 / 4,00** | **1,65 / 2,00** |

Las calificaciones denominadas **para aprobar** *la entrega* y **para aprobar** *la evaluación* sólo funcionan a nivel interno de Moodle, por ejemplo, para permitir concatenar actividades y poner como condición haber superado ésta para en el futuro poder acceder a otra. Cada una de las dos tareas (*Entrega* y *Evaluación*) se superan por separado, como dos actividades totalmente independientes y con su propio listón. Puedes dejar ambos apartados en '0' y esperar a otro momento para actualizar este parámetro.

Todas las actividades y recursos de Moodle ofrecen esta opción denominada '**Restricciones de acceso**', muy interesante, ya que nos permite establecer el orden en que se ven los contenidos o filtrar qué usuarios pueden acceder en cada momento

Finalmente el desplegable de la derecha, *Sin categorizar*, nos permitiría seleccionar alguna de esas categorías en las que podemos haber dividido previamente nuestro *Libro de calificaciones* de Moodle para que elijamos a cuál asignar cada una de las notas. Si aún no hay categorías en tu curso este desplegable simplemente aparecerá vacío.

Truco de
productividad

Para trabajar más cómodamente podemos ampliar aquellas cajas que incluyen un triangulito rayado en su esquina inferior **arrastrándolo**

## Parámetros de los envíos:

Aquí redactamos por fin las instrucciones de la tarea. A diferencia de la *Descripción*, que se limitaba a anunciar o resumir el taller, en este otro campo debemos introducir todas las indicaciones que sean necesarias para entender qué pedimos, ya que será lo que los estudiantes vean en la pantalla de entrega de su trabajo. Las instrucciones pueden ir desde un escueto «*Responde aquí a la pregunta que se os ha formulado en el aula*» –que estaría remitiendo a directrices facilitadas de antemano– hasta instrucciones detalladas que aporten materiales de lectura, links a webs externas, a vídeos, PDFs, etc. Todo el material que después el estudiante pueda necesitar para preparar su respuesta. Ahora bien, conviene tener en cuenta dos cosas:

1. Junto a las instrucciones para el envío, e independientemente de lo cortas o largas que sean, conviene siempre avanzar también, aunque sea someramente, cuáles van a ser después los **criterios de evaluación**, ya que si no los anunciáramos de antemano el estudiante sólo los conocería durante la siguiente fase, de evaluación, cuando puede que ya sea tarde. Explicarle resumidamente cuánto va a valer después cada criterio con los que se le juzgará servirá para orientar al estudiante en su trabajo, rematará nuestras instrucciones, les motivará y evitará posibles frustraciones o malentendidos. Además, predispondrá a los participantes a comprender mejor la rúbrica con la que después deberán evaluar al resto.

2. Peligro! Aunque en este campo *Descripción* podemos formatear nuestro texto con links a otras webs, atributos de diseño como colores, negritas, tablas, etc. sorprendentemente las imágenes que incrustemos es muy posible que NO SE VEAN después. Se trata de un fallo que Moodle no resolvió en alguns versiones. Deberás comprobarlo en la tuya. Es una lástima, ya que habría sido el lugar idóneo para poder plantear las instrucciones de entrega con la mayor riqueza visual posible e imágenes incrustadas.

El *Número máximo de archivos adjuntos* que cada estudiante podrá adjuntar a su envío es de siete. Normalmente con uno suele ser más que suficiente, ahora bien, la opción más recomendable es **prescindir por completo** de esos ficheros anexos. Siempre que sea posible una entrega online de texto breve será preferible a un fichero, ya que, recordemos, no sólo nos lo están entregando a nosotros, sino que estamos planteando una tarea que van a corregirse cruzadamente entre todos y si no usamos formatos de intercambio o estándares (como JPG, PDF, MP3, MP4 etc.) puede que alguno de los participantes carezca del programa de pago correspondiente (Microsoft Word, Excel, Photoshop, Powerpoint), o de su última versión, o que le resulte imposible guardarlo en un formato compatible, etc. La casuística puede ser inabarcable.

Por ello, cuando la tarea pueda ser resumible en unos pocos párrafos es conveniente dejar que el número de archivos adjuntos sea '**cero**' y así las respuestas se concentren en la pantalla, en lugar de fiarlo a ficheros que tendrían que descargarse aparte. Además, su caja de entrega admite texto enriquecido, es decir que ya acepta la inserción de imágenes, links externos, etc.

## ▾ Parámetros de los envíos

Instrucciones para el envío

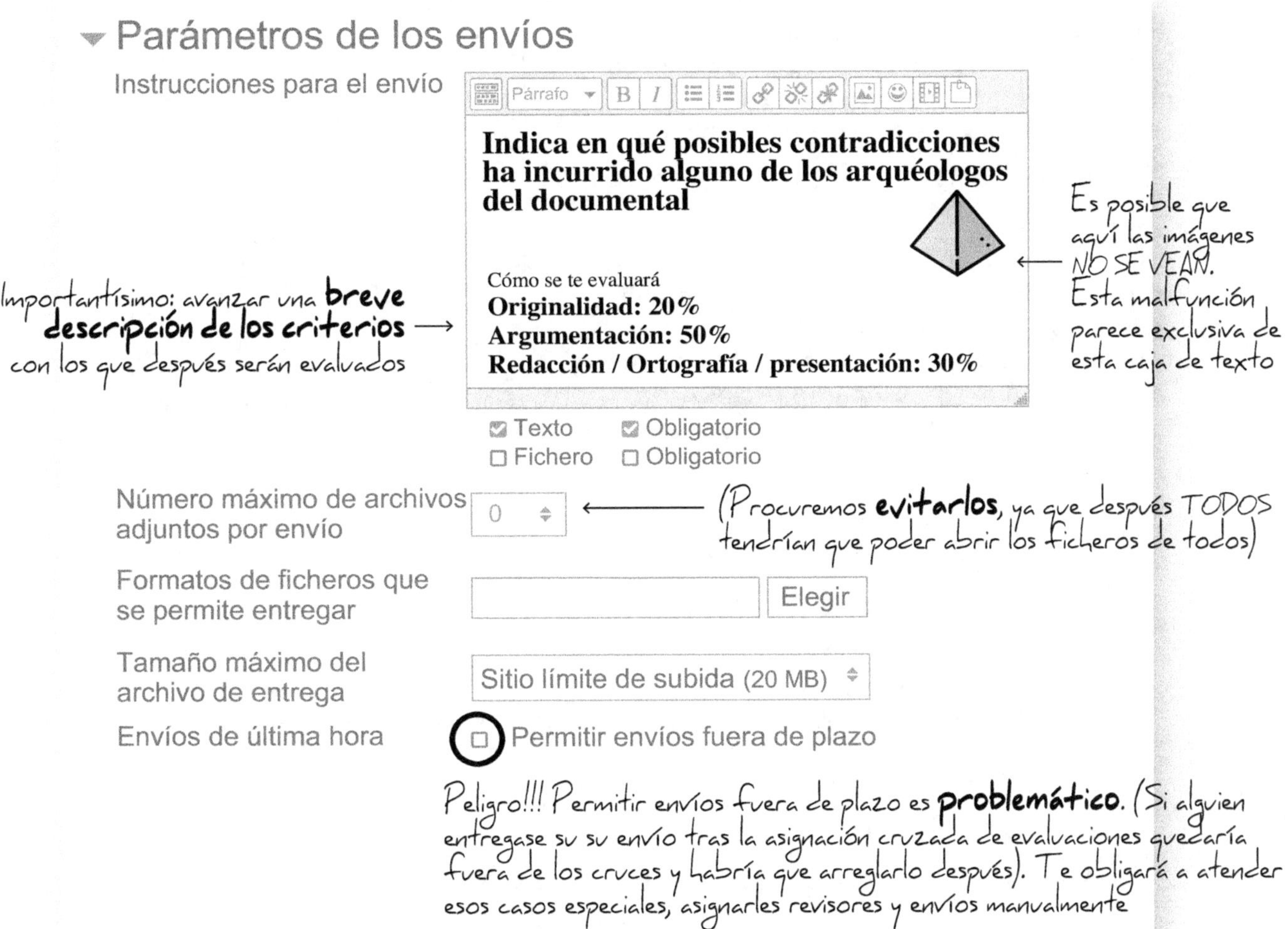


Importantísimo: avanzar una **breve descripción de los criterios** → con los que después serán evaluados

Es posible que aquí las imágenes *NO SE VEAN*. Esta malfunción parece exclusiva de esta caja de texto

Número máximo de archivos adjuntos por envío

`0 ⇕`

← (Procuremos **evitarlos**, ya que después TODOS tendrían que poder abrir los ficheros de todos)

Formatos de ficheros que se permite entregar

`Elegir`

Tamaño máximo del archivo de entrega

`Sitio límite de subida (20 MB) ⇕`

Envíos de última hora

☐ Permitir envíos fuera de plazo

Peligro!!! Permitir envíos fuera de plazo es **problemático**. (Si alguien entregase su su envío tras la asignación cruzada de evaluaciones quedaría fuera de los cruces y habría que arreglarlo después). Te obligará a atender esos casos especiales, asignarles revisores y envíos manualmente

A continuación podremos indicar el formato o *Formatos de ficheros que se permite entregar*, su tamaño o peso máximo en megabytes (que tendrá como límite el que nos haya impuesto el administrador del sitio web a los profesores. En mi Universidad, por ejemplo, 20 MB).

En último lugar, la opción de permitir o no los *Envíos fuera de plazo* sirve para aceptar entregas tardías que bien se han demorado más de lo indicado en la fecha y hora límite o bien se han entregado durante la siguiente fase, la de evaluación. Pero piénsatelo bien, ya que si la activamos, es decir, si adoptamos 'manga ancha' con ellos, después tendremos que estar muy atentos a si llegan a tiempo o no al bombo de la 'asignación' o cruce automático de tareas, ya que de lo contrario podrían quedarse en el limbo (sin ejercicios asignados para evaluar y sin evaluadores encargados de revisar el suyo), y tendríamos que asignarles manualmente nosotros tanto esas tareas a revisar como seleccionar a otros revisores para que evalúen las suyas.

## Configuración de la evaluación:

En este apartado sólo le anunciamos al estudiante que debe evaluar a sus compañeros. Se trata de la información que ellos verán en pantalla durante la siguiente fase, como presentación de la rúbrica o criterios que estableceremos más adelante –esos otros, ya sí, a todo detalle–.

Aquí podemos incluir brevemente alguna instrucción general o recordatorio y aprovechar para insistir en que han de ser objetivos o responder de la forma más justa posible ya que también **está en juego parte de su nota**.

Evita mencionar aquí los aspectos numéricos o de calificación (qué porcentaje vale cada apartado, etc.). Ya avanzamos en las instrucciones de la entrega cuánto iba a valer cada criterio. Quedó dicho antes de empezar. Ahora, por el contrario, en el momento de aplicar la rúbrica, el estudiante debe centrarse en responder a lo que se le pregunta o los criterios que se presentan en lugar de en las consecuencias numéricas de sus elecciones. De hecho, en este apartado del taller yo suelo indicar un somero: «*Responde correctamente a lo siguiente*» (y a continuación planteo la rúbrica como una **batería de preguntas que simulen estar poniéndole a prueba a él, como evaluador, más que a ese ejercicio evaluado**).

En la siguiente casilla –*Usar auto-evaluación*– sólo elegimos si más adelante permitiremos o no que los participantes deban corregir también su propio ejercicio. Todavía no estamos decidiéndolo, sino simplemente dejando abierta esa posibilidad para más adelante, en la fase de *Asignación*. No entendemos por qué Moodle comete esta redundancia, ya que donde realmente lo configuraremos será después, cuando realicemos los cruces. Por eso de momento mi consejo aquí es dejarla activada en todo caso.

## Comentario

Bajo este epígrafe Moodle mezcla parámetros bastante heterogéneos. En primer lugar el *Modo de retroalimentación global*, que sirve para añadir una caja de texto a la pantalla de evaluación de forma que los estudiantes, tras revisar un ejercicio ajeno, puedan añadir al final **una explicación personal** en formato de texto libre para que sea leída por el compañero evaluado. Las tres opciones son *Habilitado y opcional* (podrán añadir dichos comentarios si así lo desean), *Habilitado y obligatorio* (deberán escribir algo en ese campo para poder enviar sus evaluaciones) y *Deshabilitado*.

Nótese que habilitar este tipo de comentarios finales puede tener interés sólo si los evaluadores no han podido expresar sus opiniones subjetivas durante la propia fase de evaluación (como ocurre al rellenar las rúbricas u otorgar las notas numéricas de la *Calificación acumulativa*, donde se han limitado a responder a formularios cerrados y no han podido matizar o aportar libremente sus dudas y comentarios de retroalimentación), sin embargo esta posibilidad aporta muy poco en caso de que la estrategia de evaluación seleccionada ya haya sido precisamente *Comentarios*, porque, claro, como hemos visto, en ese otro tipo de talleres los estudiantes **ya habrán estado escribiendo sus opiniones continuamente** mediante campos de texto libre.

Habilitar este 'Comentario' final puede ser muy productivo y enriquecedor cuando estemos seguros de que los estudiantes van a hacer realmente aportaciones valiosas. Pero tengamos en cuenta que en otros casos permitir este feedback en caliente puede servir también para **abrir la caja de los truenos** al fomentar que se crucen opiniones subjetivas que sólo demuestren la disparidad de criterios o redunden en la deslegitimación del proceso de coevaluación.

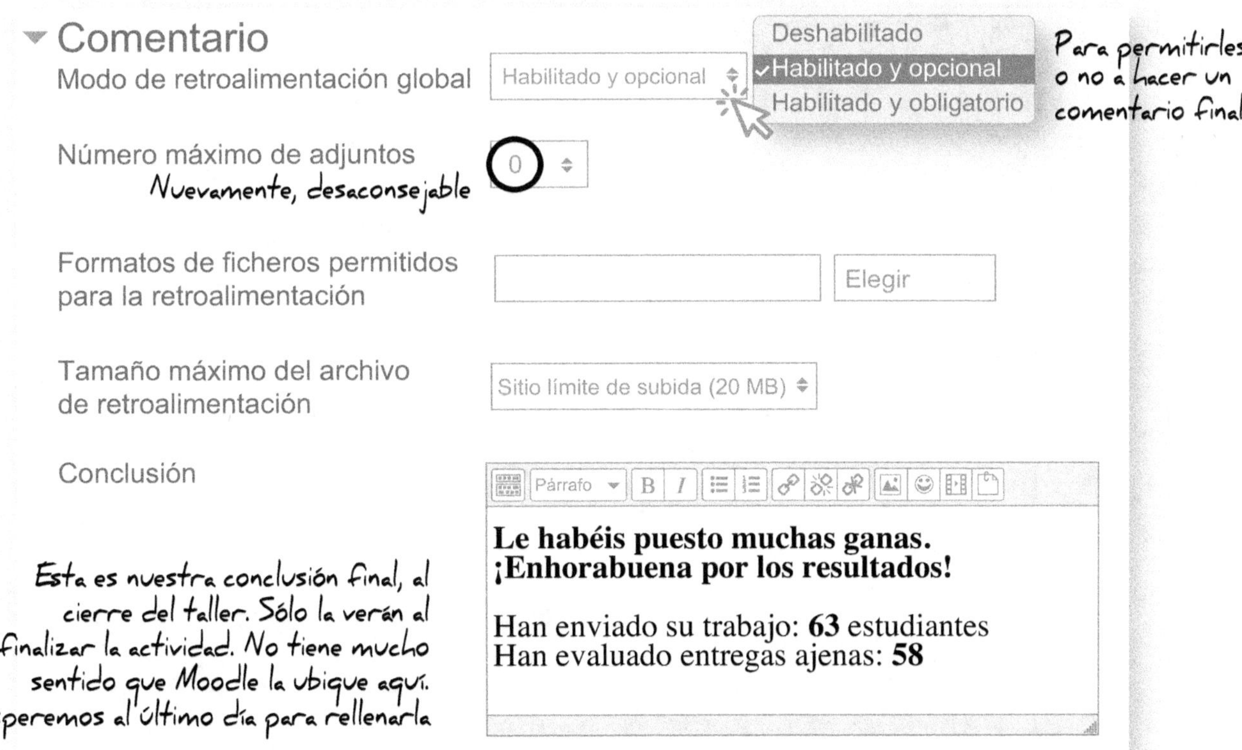

A continuación la opción *Número máximo de adjuntos* está pensada para el caso de que ese feedback entre evaluadores y evaluados se entregue mediante un fichero (por ejemplo, comentarios glosados a un PDF o a un Powerpoint, o con una fotografía, archivo de texto, una grabación de audio, etc.), en cuyo caso podremos limitar el formato de ficheros admitidos y, nuevamente, su tamaño máximo.

Baste aquí recordar esas posibles complicaciones técnicas, comentadas más arriba, que esto puede acarrear. Personalmente vuelvo a desaconsejarlo a no ser que la naturaleza propia del ejercicio solicitado (un audio, un vídeo, etc.) los haga imprescindibles.

Finalmente en el apartado *Conclusión* el docente podrá redactar su propia valoración global de la actividad, referida a toda la clase, y que los participantes sólo verán publicada una vez cerrado el taller. Repasa el capítulo dedicado al *Cierre* del taller donde incluimos algunas apreciaciones importantes sobre qué otra información es muy conveniente incluir en este campo.

Por ejemplo, en esta 'conclusión' final a mí me gusta indicarles el número total de personas que han participado, la satisfacción global de la actividad, una motivación para participar en el siguiente, etc. También podemos dejarla vacía. Ahora bien, **no encontramos una razón lógica a que Moodle ubique aquí**, en este apartado de la Configuración, una conclusión que, como su nombre indica, debería ser lo último que rellenase el profesor.

## Envíos de ejemplo

Esta –a priori interesantísima– opción nos permite a los profesores exhibir ejercicios como muestra para que los estudiantes se entrenen en la evaluación de tareas ajenas antes de proceder con las reales, las de sus compañeros. En este caso deberemos construir o aportar dichos ejercicios ficticios como ejemplo (por ejemplo, por tratarse de casos de respuestas correctas o equivocadas respectivamente o porque brillen en algún aspecto o, al revés, carezcan de lo solicitado) y a continuación proceder a evaluarlos nosotros para que les sirvan de muestra a los estudiantes, que podrán probar a juzgarlos sin que ello influya en su nota como evaluadores. Esta especie de entrenamiento previo puede ser obligatorio u opcional, ahora bien, dado que **estos ejercicios acabados podrían muchas veces dar pistas sobre la solución** al ejercicio o, peor, coartar la creatividad solicitada en el enunciado de la tarea, resulta más interesante la tercera opción del desplegable: que dichos ejemplos sólo les aparezcan «*Tras haber enviado su propia tarea y antes de evaluar las ajenas*».

Y es que muchas veces nos resultaría imposible construir ejemplos de posibles respuestas sin desvelar la solución o sin desbrozar ese terreno que precisamente les estamos pidiendo que descubran por su cuenta.

Si les preparamos ejercicios de ejemplo preevaluados mediante la rúbrica, aquí seleccionaremos si es voluntario u obligatorio evaluarlos y si preferimos que los vean antes o después de entregar

### ▾ Envíos de ejemplo

Usar ejemplos ☐ Se proporcionan ejemplos de envíos para practicar la evaluación

Modo de evaluación de ejemplos — Voluntaria | Obligatoria antes de enviar | Antes de evaluar ⇕

Esas tres opciones son:

- *La evaluación de envíos de ejemplo es voluntaria*
- *Los ejemplos deben ser evaluados antes del envío propio*
- *Los ejemplos estarán disponibles después de mandar su propio envío y deben ser evaluados antes de la evaluación por pares*

Independientemente de que seleccionemos una u otra sólo podremos subir al taller estos envíos de ejemplo durante la fase de *Configuración*. En el panel de control nos aparecerá una nueva indicación ***Preparar envíos de ejemplo*** y en la zona inferior el botón *Agregar envío de ejemplo*. El cuadro de diálogo que rellenaremos para subirlo emula al que después usarán también los estudiantes y tras completarlo un cuadro de confirmación nos avisará de que «*...Usted tiene que evaluar este envío de ejemplo, para proporcionar una evaluación de referencia...*».

## Disponibilidad

Estas opciones de programación temporal de apertura y cierre de plazos para la recepción de ejercicios ya nos suenan, por ser comunes a otras tareas y recursos de Moodle. Ahora bien, la gestión del tiempo en los Talleres se complica por las siguientes **tres razones**:

En primer lugar, si queremos automatizar esa apertura y cierre de plazos (Con la correspondiente casilla *Habilitar*, de la derecha) vemos que **ambas aparecen por duplicado**, por considerarse a todos los efectos como dos tareas diferentes y sucesivas. Así, a la entrega le podremos asignar su propia fecha/hora de apertura o de cierre (o ambas) y por su parte la evaluación también sus propios plazos de apertura y/o de cierre.

En segundo lugar, ojo! que el taller **no entra automáticamente en la fase de Envío** aunque habilitemos aquí una hora de apertura para aceptar esas entregas. Los estudiantes sólo podrán hacerlo cuando **manualmente** nosotros avancemos el taller a dicha fase. Es decir, aunque el aspecto de este menú pueda sugerirnos que estamos programando una hora de inicio para la entrega de tareas, el pistoletazo de salida únicamente se dará cuando pinchemos sobre *Pasar a la siguiente fase*, como veremos en el apartado dedicado a la gestión temporal del taller.

Esta circunstancia puede resultar algo frustrante al inicio. En mis primeras experiencias con la programación temporal de talleres me ocurrió que tras habilitar ese plazo de inicio de entregas **me quedaba tranquilo y convencido de haber puesto en marcha la actividad**, cuando no era así. Hasta que algún estudiante me avisaba de que les era imposible entregar tareas no me daba cuenta de que yo debía, además, haber avanzado manualmente a la fase de 'Entrega' pinchando sobre ella.

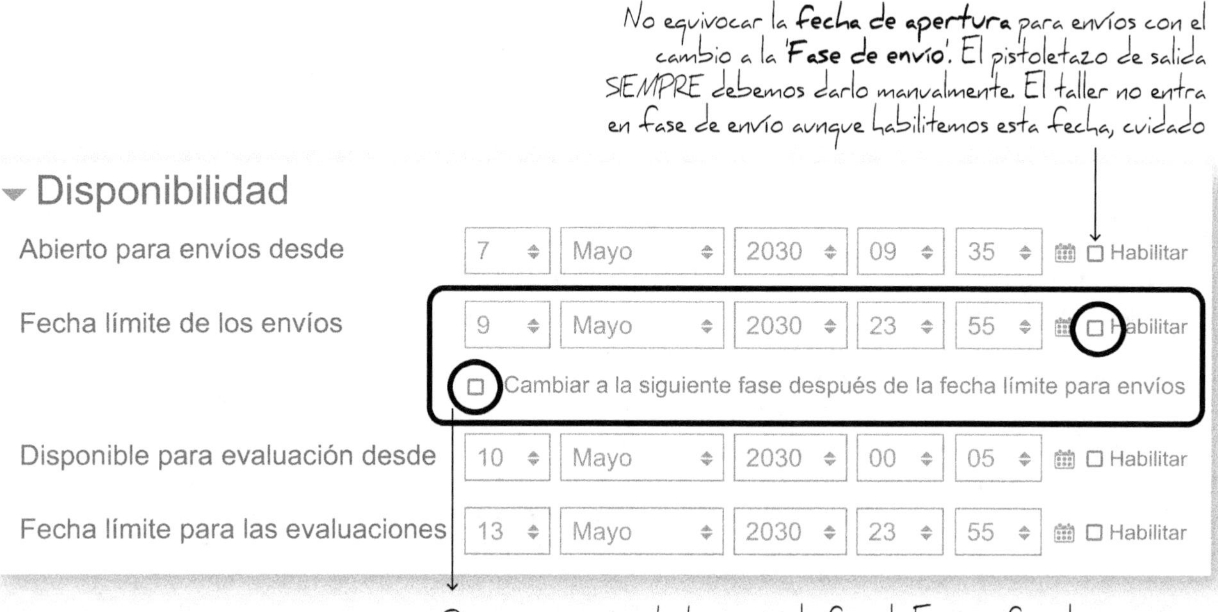

En tercer lugar, que aunque pueda resultar muy sugerente la opción *Cambiar a la siguiente fase después de la fecha límite para envíos* (lógico, si he establecido una hora límite a la fase de entrega que pasen directamente a evaluar a los compañeros a partir de ese momento, ¿verdad?) pues en realidad este salto automatizado entre fases sólo se dará si además se alinea un tercer planeta: **que hayamos programado también en automático otra fase** intermedia y que no se menciona ahí –**la de *Asignación de tareas*–**.

Veremos cómo es una fase puente, en la que se asignan cruzadamente los envíos entre los participantes y que curiosamente se configura después, en otra pantalla diferente. Desde aquí aún no tenemos acceso a ella.

Total, por estas tres razones y mientras no te sientas cómodo/a con la programación temporal de los plazos mi consejo es no tocar ninguna de estas opciones y controlar los avances de cada fase del taller manualmente el día que llegue la fecha u hora que hayas elegido.

## Ajustes comunes del módulo

Mediante el apartado *Disponibilidad* –al igual que con cualquier otro *Recurso* o *Actividad* de Moodle– el taller también puede mostrarse u ocultarsele a los estudiantes.

Por su parte, el *Número ID* de cualquier recurso de Moodle es su matrícula identificativa. A medida que los profesores vamos creando esos contenidos se van generando automáticamente como números consecutivos que aparecen también en su URL visible, es decir, en la barra de navegación. Va a ser muy poco frecuente que necesitemos o queramos modificarlo para asignarle manualmente nosotros otro. Así que saltemos al siguiente apartado, que sí va a resultarnos vital.

En las versiones recientes de Moodle verás una tercera opción intermedia titulada **'Hacerlo disponible pero sin mostrarlo en la página del curso'** que nos permite mantenerlo oculto pero permitir acceso a él mediante su link directo (URL). Esta opción, tan interesante para otros recursos, se nos antoja menos útil en el caso de los talleres.



Si 'No hay grupos' no habrá fronteras entre ellos (totum revolutum). Si hay 'Grupos separados', los de un grupo no evaluarán ejercicios de los demás. Y 'Grupos visibles' permite lo contrario, que coevalúen sólo a miembros de los grupos ajenos, no del propio

Se trata del *Modo de grupo*, mediante el que podemos permitir un *todos con todos* –opción *No hay grupos* y así cualquiera puede evaluar a cualquiera– o, al contrario, acotar la actividad de cada participante en este taller a exclusivamente el grupo del que forma parte –opción *Grupos separados*–.

Si notas que este epígrafe no permite cambios la razón puede ser que el modo de grupo esté 'forzada' desde la configuración del curso. Puedes modificarlo desde la portada: ***Editar ajustes/Editar la configuración del curso/Grupos/No forzar el modo de grupo***

La tercera opción –*Grupos visibles*– posibilita la solución intermedia: que cada participante puedan evaluar a cualquier otro **excepto precisamente a aquéllos con los que comparte grupo**. Pero esta última decisión todavía no se toma aquí. Veremos más adelante que es en la fase de *Asignación* donde podremos finalmente establecerlo. Pero, eso sí, para hacerlo allí deberemos haber abierto esa posibilidad aquí, con *Grupos visibles*.

Ahora bien, que tus estudiantes estén o no clasificados en grupos es algo que has de haber configurado previamente, a nivel de tu curso, desde el apartado *Gestión del Curso*. Si aún no lo habías hecho, consulta el apartado *Participantes*. Es posible tenerlos divididos, por ejemplo, en un grupo de mañana y otro de tarde. Si te interesase que cada uno sólo evalúe ejercicios de su propio grupo activarías la opción *Grupos separados*.

Desde la portada del curso se puede cambiar el modo de grupo con un simple clic en este iconito de la derecha. Esto, más que comodidad, se nos antoja **un auténtico peligro**, ya que si lo pulsamos por error estaremos modificando un aspecto esencial del taller.

Una de las funciones más atractivas de los talleres de coevaluación y que más me suelen consultar otros docentes es la de que los propios alumnos pueda evaluar la aportación individual de cada uno de sus compañeros a una tarea **entregada entre varios**.

Como hemos mencionado, para ello será imprescindible activar aquí la opción *Grupos separados* y —para evitar la engorrosa tarea de tener que crear nosotros una gran cantidad de pequeños grupos— muy útil tener instalado en nuestro Moodle **el accesorio opcional denominado *Auto-selección de grupo***, desarrollado por tres informáticos de la finlandesa Universidad Tecnológica de Tampere.

Finalmente, Moodle denomina *Agrupamientos* a las categorías superiores, más amplias, que también podemos crear para abarcar, a su vez, a los Grupos. Nuevamente, esto se gestiona previamente a nivel de curso.

Gracias al módulo gratuito **Autoselección de grupo** delego en mis estudiantes la creación y gestión de grupos. Puedes instalártelo desde: **https://moodle.org/plugins/ mod_groupselect**

Por ejemplo, mis estudiantes del 'Turno de Mañana' están a su vez subdivididos en tres desdobles por apellidos, de ahí que decidiera crear dos *Agrupamientos* —uno llamado Tarde y otro Mañana— y a su vez **dentro de este último los tres *Grupos* separados.**

**Restricciones de acceso:**

Una de las utilidades más interesantes de Moodle es la de poder condicionar el acceso a cualquier recurso o actividad al cumplimiento de alguna condición. Por ejemplo, haber participado previamente en otra o haber obtenido una determinada nota  mínima en alguna actividad anterior, pertenecer a un determinado grupo o –al contrario– no pertenecer o no haber participado en otra... etc. Así nos aseguramos de que durante todo el curso los participantes han superado cada ejercicio o han recibido los materiales, realizado las lecturas o respondido a los tests en un orden secuencial concreto, no en el que a cada uno o cada una le viniera en gana.

Estas *Restricciones de acceso* resultan tremendamente versátiles y útiles. Por ejemplo: si quiero asegurarme de que cada participante se haya descargado el PDF sobre el Antiguo Egipto, haya visionado un vídeo o respondido a un breve cuestionario antes de poder participar en este taller, aquí puedo establecer esas condiciones para filtrar a los usuarios y establecer quiénes podrán participar y quiénes no. O, mejor aún, para animar a estos últimos a cumplirlas si desean acceder al taller.

En el caso de la docencia reglada los profesores comprobamos a diario cómo muchos estudiantes sólo se acuerdan de visitar el Moodle o de participar en las actividades **cuando cuentan para nota o la víspera de los respectivos plazos** de entrega. Ello provoca que  muchos ni lean el resto de materiales o lo hagan de forma no secuencial y desordenada. Para evitar esto las 'Restricciones de acceso' conjugadas con el control de 'Finalización de actividad' son dos herramientas utilísimas y muy sencillas de configurar.

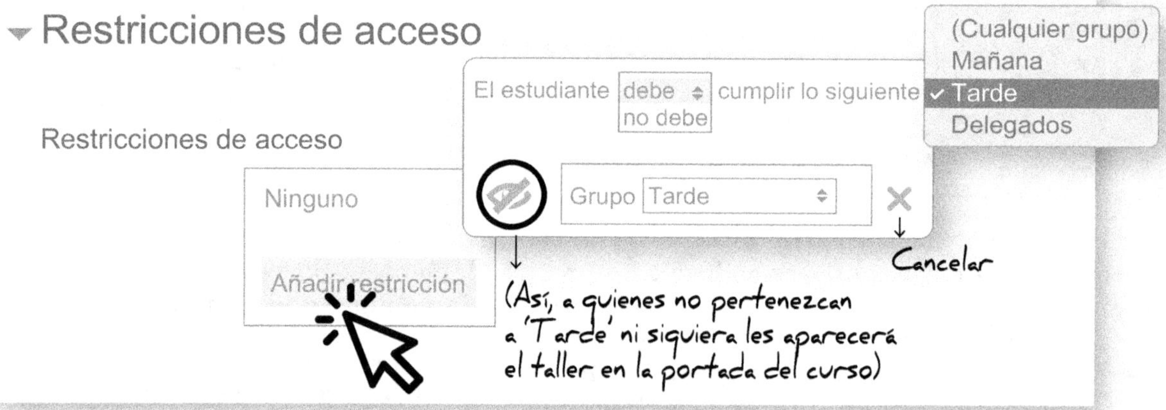


Hemos añadido esta restricción de acceso 'por grupo' para que sólo vean el taller los/las estudiantes del grupo de tarde y que al resto ni siquiera les aparezca (para ello: pulsar en el ojo y que quede tachado)

Esta restricción de acceso sirve por tanto de filtro para que unos puedan entrar a participar en el taller y otros no. A diferencia del *Modo de grupo* que hemos visto en el epígrafe anterior y que servía para controlar **cómo se comportará el propio taller con los participantes una vez estén dentro**. No los equivoquemos.

**Finalización de actividad:**

Íntimamente ligado al anterior, este último epígrafe sólo te aparecerá si en la configuración del curso has habilitado el *Rastreo del grado de finalización* de las actividades, que sirve para concatenar unos módulos con otros. Si así es, a los estudiantes les aparecerá una casillita de verificación gris a la derecha de cada tarea que les pongas en la portada del curso, cada documento que les subas o cada cuestionario que les prepares. Ese recuadro les indica si han superado cada tarea o no y lo que hacemos nosotros desde este menú es configurar en qué consiste 'superarla', ya que puede ser simplemente hacer clic, o descargárselo, o bien llegar hasta el final del cuestionario, o recibir una calificación cualquiera, etc.

En el caso de los talleres, al igual que el resto de actividades de Moodle, esa 'superación' de la actividad puede consistir en que el propio estudiante así lo indique o bien simplemente la haya visto (clicado sobre ella) o, más exigente, haber recibido una calificación ('finalizarla').

En el caso de que en tu asignatura estés habituado/a a concatenar una actividad con la siguiente mediante las mencionadas *Restricciones de acceso*, es imprescindible habilitar esta opción en la anterior —la que va a ser condición de acceso a este taller— o en este mismo taller si después fuese a ser condición de acceso para otra cualquiera.

Esto nos permitiría encadenar el taller a actividades futuras (por ejemplo, si participar en este taller fuese a ser después una condición para acceder a otro contenido)

### ▾ Finalización de actividad

| | |
|---|---|
| Rastreo de finalización | No indicar \| Marcable manualmente \| Sólo si cumple condiciones |
| Requerir ver | ☐ El estudiante debe ver esta actividad para finalizarla |
| Requerir calificación | ☐ El estudiante debe recibir una calificación para finalizar esta actividad |
| Se espera finalizar en | 12 ⬥ Mayo ⬥ 2020 ⬥ 23 ⬥ 55 ⬥ 🗓 ☐ Habilitar |

**Guardar y regresar al curso**  **Guardar y mostrar**  Cancelar

Y recuerda que no basta con 'Guardar cambios y mostrar' para que los participantes puedan comenzar a enviar sus ejercicios. Deberemos pasar manualmente a la 'Fase de Envío' en todo caso.

Ya podemos pulsar *Guardar cambios y mostrar* para acceder, por primera vez, al **Panel de Control del taller**.

# El panel de control

## Familiarízate cuanto antes con esta tabla ya que desde ella controlaremos los tiempos del taller

**1**
Configuración

**2**
Envío

**3**
Asignación

La fase 3 está
semicamuflada
ahí

## Taller: La Pirámide de Keops

### Fase de configuración
**Fase actual**  ●

✔ Defina la descripción del taller

✔ Proporcione instrucciones
para el envío

✘ Editar formato de
evaluación

### Fase de envío
Cambiar a la fase de Envío ○

✔ Proporcione instrucciones
para la evaluación

✘ Asignar envíos
Esperados: 103
Presentados: 78
Asignados: 0

ⓘ Algún autor no ha entregado

ⓘ Plazo de presentación:
jueves 9 de mayo 2030

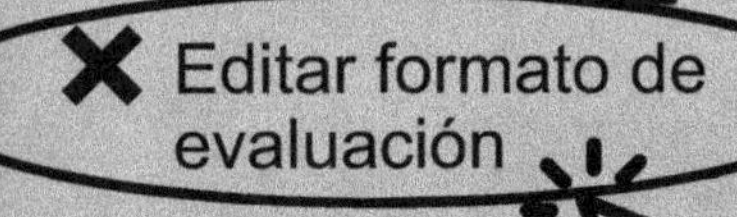

Este será el
siguiente paso:
preparar la rúbrica

# 4
## Evaluación

# 5
## Calificación

## Fase de evaluación
Cambiar a la fase de evaluación ○

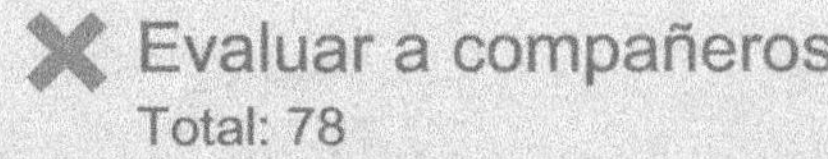 Evaluar a compañeros
Total: 78
Pendiente: 78

ⓘ Plazo de evaluación :
lunes 13 de mayo 2030

## Fase de calificación
Cambiar a la fase de calificación ○

✖ Calcular calificaciones
de envíos
Esperadas: 103
Calculadas: 0

✖ Calcular calificaciones
de evaluación
Esperadas: 103
Calculadas: 0

✔ Proporcionar una con-
clusión de la actividad

## Cerrado
Cerrar taller ○

El Panel de control del taller es una tabla de cinco apartados que nos va a acompañar durante todo el proceso. Nos permitirá realizar algunas acciones fundamentales:

**Corroborar** en qué fase estamos, ya que nos la destaca mediante una **tonalidad diferente**, para asegurarnos de que efectivamente los participantes están viendo lo que nosotros creemos que están viendo en cada momento.

**Cambiar** de una fase a otra, ya que aunque vimos que algunos de esos saltos son automatizables, éste es el menú mediante el que **avanzaremos o retrocederemos** de una etapa a otra la mayoría de las veces

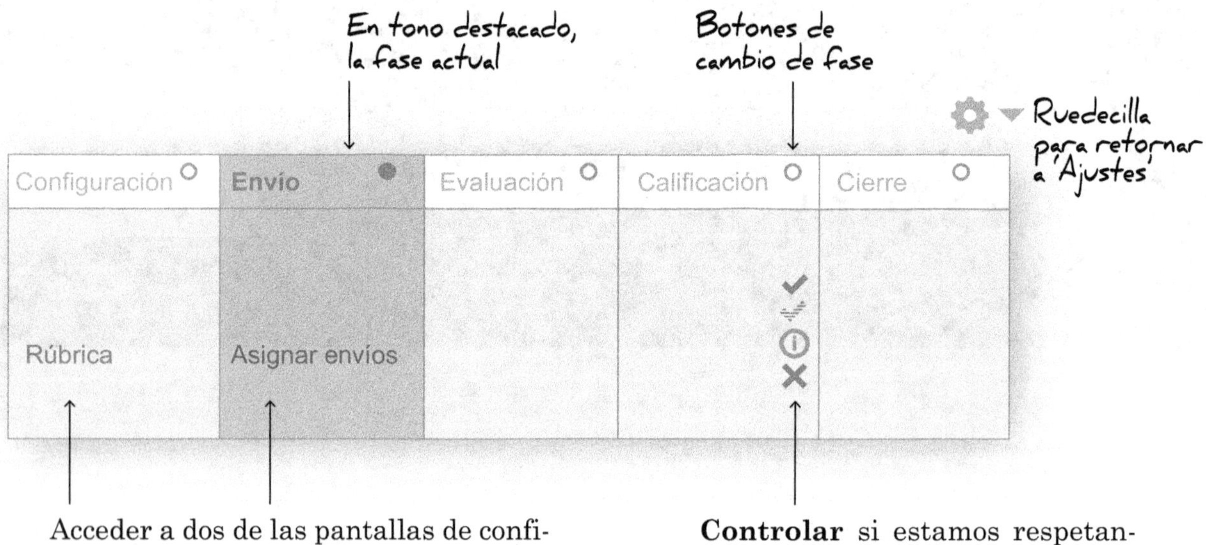


Acceder a dos de las pantallas de configuración esenciales del taller y que como habrás notado aún no hemos podido diseñar. Son el *Formato de evaluación* y la *Asignación de envíos*, hasta los que únicamente se llega **desde aquí**.

**Controlar** si estamos respetando en cada momento las diferentes subfases del taller mediante el juego de iconos de colores con que Moodle nos alerta.

A partir de aquí vamos a ir repasando lo que sucede en cada una de las fases. Los estudiante serán los auténticos protagonistas de la segunda y la cuarta –*Envío* y *Evaluación*– mientras que en las otras tres podremos trabajar y hacer pruebas y ajustes de forma privada hasta que el resultado nos convenza y decidamos pasar a la siguiente.

# Configuración

**Docentes:**
Configuramos los aspectos básicos
del taller. Ninguno es definitivo,
podemos volver aquí cuando
queramos y modificarlos, **incluso
pasar a la fase 2 para que ellos
puedan ir entregando mientras tanto**
y nosotros seguir configurando esto

**Estudiantes:**
Fase opaca para ellos.
Sólo ven el 'Título', la 'Descrip-
ción' y un escueto mensaje:
*"El taller está siendo configurado"*

# 1. Fase de configuración

Un momento... Si resulta que esta primera fase se apellida *de configuración*, entonces **¿qué hemos estado haciendo hasta ahora?**

Pues esa pantalla anterior en la que hasta ahora hemos ido gestando el taller era la de *Ajustes*. Cuando queramos volver a ella deberemos buscar la opción *Editar Ajustes en* la ruedecilla dentada. También podríamos volver pinchando en *Defina la descripción del taller* o incluso en *Proporcione instrucciones para el envío*.

Moodle parece olvidarse del esfuerzo que nos supone tener que familiarizarnos de pronto con docenas de nuevos nombres de aburridos epígrafes y menús. Se inventa varios atajos para llegar a un mismo apartado. Así, mediante cualquiera de esos tres menús se acaba **volviendo exactamente a la misma** pantalla de configuración general del taller.

Por tanto, estos dos primeros menús de la primera pestaña o *Fase de Configuración* nos remiten a sendos apartados que ya pudimos rellenar cuando pusimos en marcha el taller. Aparecen de nuevo en este listado para **recordarnos visualmente con color verde o rojo si los hemos completado o no**.

El tercero, por el contrario, sí es nuevo: *Editar formato de evaluación* es, por fin, el momento en que vamos a poder construir la rejilla o listado de criterios de evaluación. Vamos a ello:

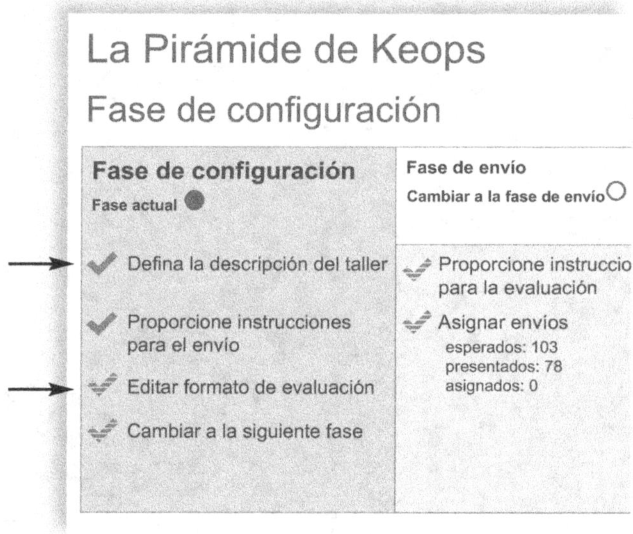

**Editar formato de evaluación:**

Recuerda que en su momento tuviste que elegir entre aquellas cuatro posibles ***Estrategias de calificación*** –*Calificación acumulativa, Comentarios, Número de errores* y *Rúbrica*– y que yo te aconsejaba fervientemente esta última.

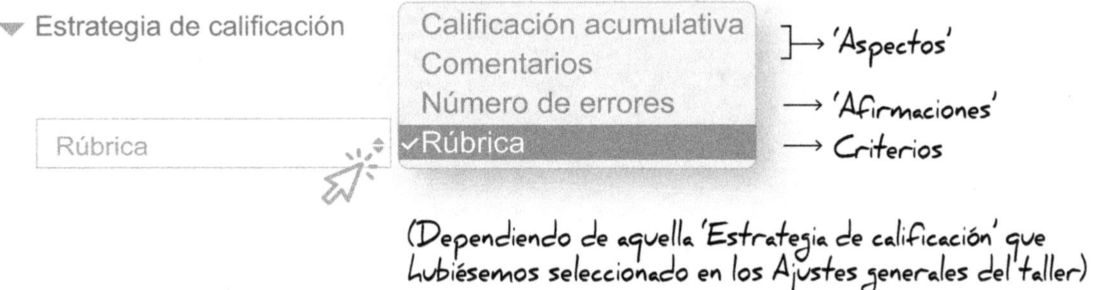


Ahora nos toca la responsabilidad de diseñar una batería de **Aspectos**, **Afirmaciones** o **Criterios** de evaluación y redactarlos con claridad para que después a los participantes les resulte intuitivo juzgar las entregas ajenas.

Cada uno de esos apartados en que se divide la evaluación tendrá su propia *Ponderación* o peso relativo en la nota final –y debería respetar aquélla que ya les avisamos desde el comienzo del ejercicio, en la información que redactamos en *Parámetros de los envíos*–.

Vamos a repasar una por una esas cuatro posibles estrategias de calificación, aunque mientras la estemos configurando **nada impide que avancemos el taller a la segunda fase** –*Entrega*– de forma que los estudiantes puedan ir entregando sus tareas mientras nosotros nos dedicamos a esto otro. Sólo sería imprescindible tener completada la rúbrica de evaluación para poder pasar a la tercera fase –*Evaluación*–, claro. 

Y recuerda que lo ideal es tener **preparada de antemano** la estructura, redacción y puntuaciones de esta rúbrica. De hecho, por precaución y de cara a posibles reutilizaciones en el futuro, si perdieras o borrases por error el taller ésta sería la información más valiosa y más costosa de recuperar, su rúbrica.

## 1. Formato de *Calificación acumulativa*

Los estudiantes deberán juzgar cada uno los *Aspectos* del trabajo ajeno que definamos otorgando una **Puntuación** numérica o bien mediante **Escalas** predefinidas.

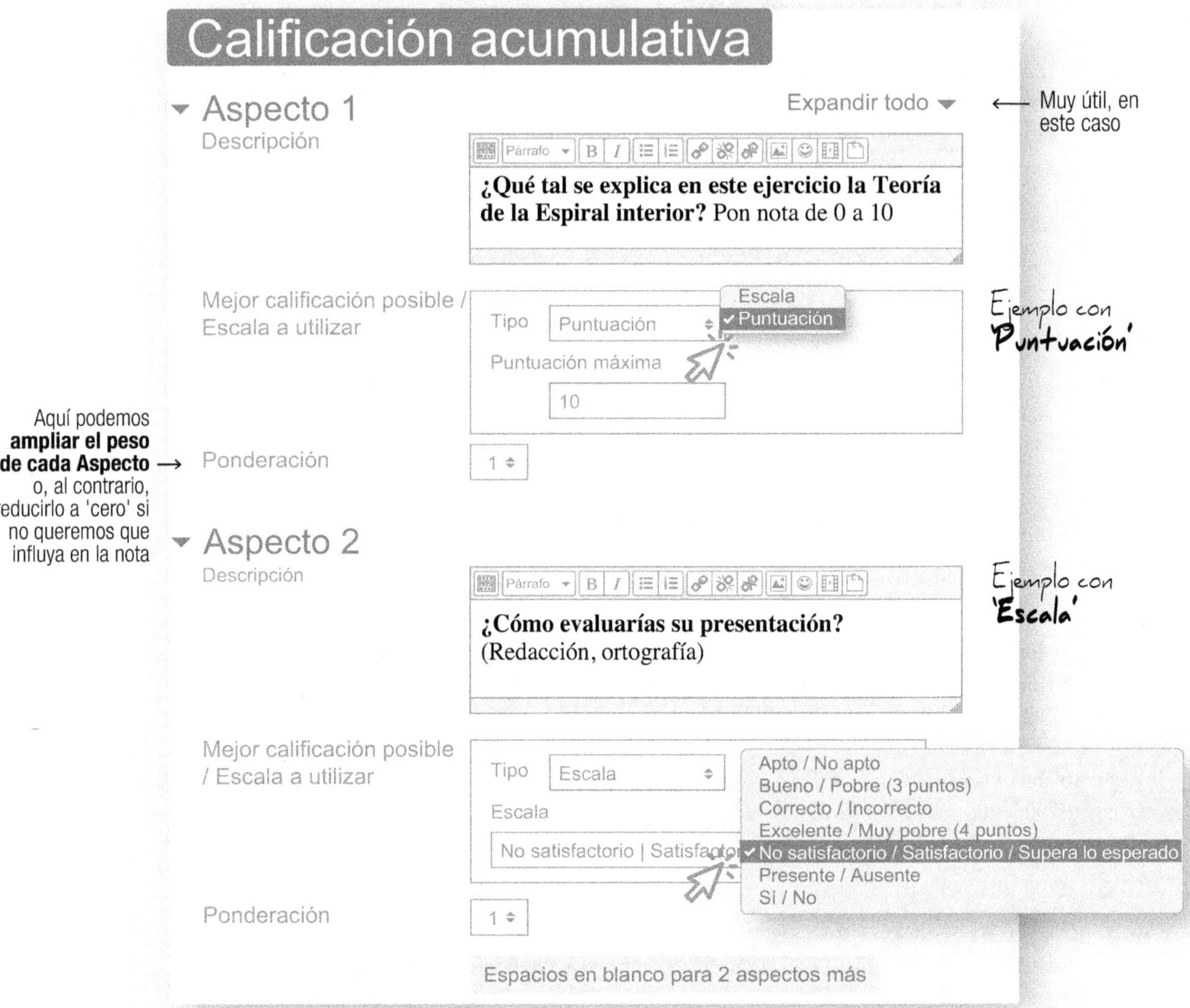


Nótese que aquí al ponderar **no estamos asignando 'puntos'** directamente a cada apartado, sino tan sólo equilibrando entre sí sus respectivos pesos relativos. Recuerda que los puntos que valían tanto el envío como la evaluación **ya los dejamos fijados** en su momento en los *Ajustes de calificación*.

Pongamos que establecemos tres aspectos. Todos tendrían el mismo valor (expresado como 'Ponderación 1' cada uno) y pesarán lo mismo en la nota final, un 33% (y si añadiésemos un cuarto, pasarían automáticamente a valer un 25% cada uno). Si por el contrario queremos que uno cualquiera tenga la mitad de peso que los otros dos podríamos asignarles 2, 2 y 1 respectivamente, con lo que pasarían a pesar 40, 40 y 20%. Es decir: **para 'reducir' el peso relativo de un apartado debemos ampliárselo a los demás.**

## Conclusiones sobre esta estrategia de calificación:

Puntos fuertes: 

1. Es muy rápida de configurar. Si te sirven las escalas que trae predefinidas o que haya configurado tu administrador del sitio (como por ejemplo: ésta que a mí me gusta mucho: '*No satisfactorio/Satisfactorio/Supera lo esperado*' o '*Presente/Ausente*', etc.) puedes ganar bastante tiempo en la configuración de este apartado.

2. Es la única que **permite que los revisores se expresen con calificaciones numéricas**. Si deseas que entre ellos se otorguen un '7,5', un '4', etc. te convendrá utilizar ésta, ahora bien:

Debilidades: 

1. Mi experiencia con las puntuaciones numéricas es que arma de argumentos a los estudiantes para criticar la subjetividad del proceso evaluativo. Así comentarios del tipo «*lo que para mis compañeros es un seis para mí puede ser un ocho y medio*» rápidamente pueden minar la legitimidad del taller. Por ello **no aconsejo forzarles a convertir en un número sus percepciones subjetivas**. Prefiero construir descripciones redactadas a las que sea más fácil adherirse y que además sirvan para explicitar argumentos o razonamientos que basen su evaluación.

2. Además, el hecho de que las escalas estén **predefinidas** a nivel de sistema —editables por tu administrador de Moodle— limita muchísimo las posibilidades. Si despliegas el menú verás que hay pocas disponibles entre las que elegir y, además, cada una ofrece escasas opciones intermedias (entre dos y cuatro generalmente) con muy poco matiz. Cuando veamos más adelante el trasfondo matemático que hay tras la fase de calificación concluiremos que es vital plantear un abanico de posibilidades más amplio en esas plantillas.

3. Lingüísticamente tampoco podemos editarlas, con lo que si tu curso se imparte en un idioma no incluido entre las versiones predefinidas o, peor aún, si tu asignatura es precisamente sobre idiomas preferirás tener un control mayor sobre las denominaciones de los apartados y niveles de las escalas de evaluación, claro.

## 2. Formato de *Comentarios*

Ya sabemos que esta segunda estrategia de evaluación no es propiamente de 'calificación', sino más bien de fomento del feedback cruzado entre los estudiantes. Comprueba que, como avanzamos, en cada ***Aspecto*** describiremos su ámbito y poco más. Nos sirven para focalizar su atención y mostrarles qué tipo de preguntas han de hacerse los evaluadores o qué tipo de elementos del ejercicio ajeno deben aprender a detectar.

Los evaluadores podrán teclear después en pantalla sus observaciones sobre cada aspecto de cada ejercicio ajeno en ese orden sobre un campo de **texto editable**.

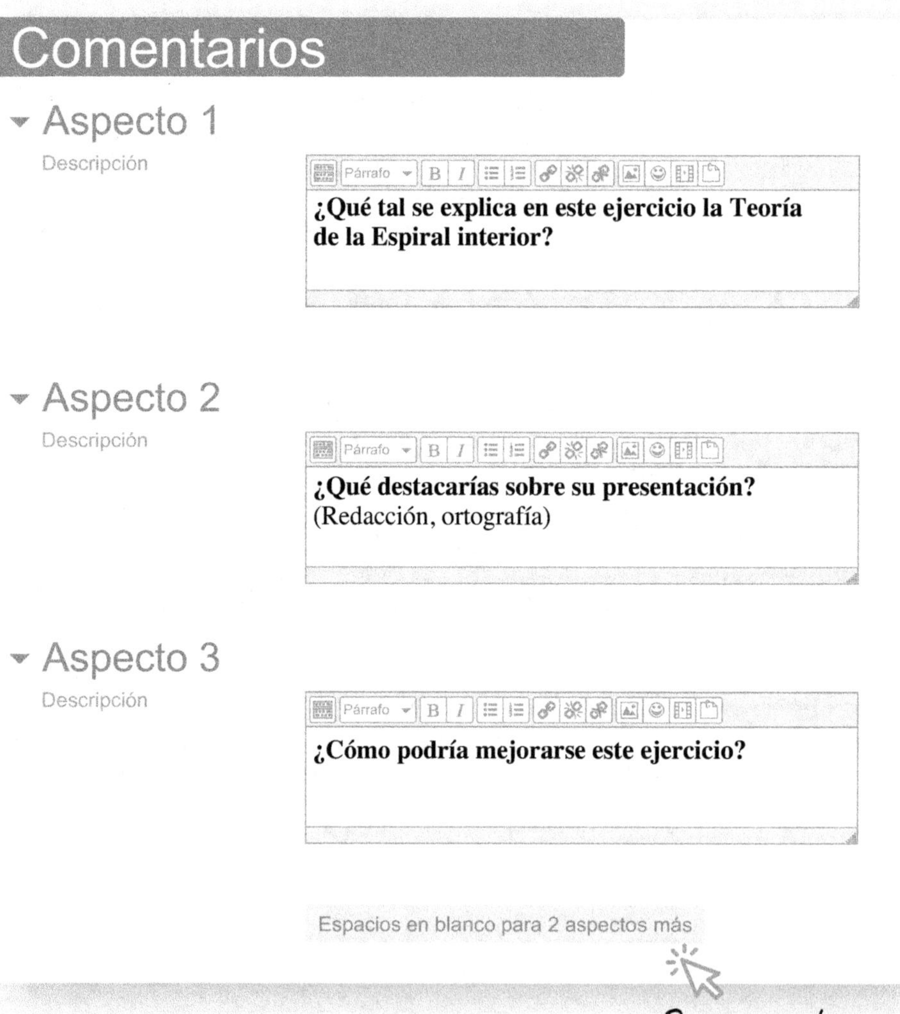


Al focalizar su atención sobre ciertos aspectos del ejercicio ajeno, indirectamente les estamos haciendo reflexionar de nuevo sobre cómo resolvieron **el suyo**

Por si necesitamos añadir más aspectos

## Conclusiones sobre esta estrategia de calificación:

Puntos fuertes: 

1. Al tratarse de un tipo de taller *light* –éste es el único sin la presión de la calificación–, puede servirnos tanto a los profesores **para ejercitarnos** en su configuración e implementación temporal como al alumnado para habituarse al formato.

2. Es una potentísima herramienta de dinamización de grupo, ya que nos permite establecer los aspectos sobre los que debatir y canalizar el feedback.

3. Dado que el profesor podría después **retroceder para repetir fases** del taller, éste de comentarios puedes servir estupendamente **como una ronda preliminar** para proponer mejoras a los ejercicios enviados y a continuación volver atrás y avisarles del nuevo plazo de entrega de ejercicios para que incluyan las mejoras sugeridas. Los estudiantes pueden aprovechar ese feedback recibido para mejorar sus entregas antes de enfrentarse a una segunda ronda ya sí más exigente. [Pero ojo, sigue leyendo]

> Veremos más adelante, en la fase de 'Asignación', que si optamos por esta opción y superponemos otra ronda de coevaluaciones es posible **mantener los cruces en la segunda**, para que los mismos estudiantes que en la primera sugirieron posibles mejoras sean los que en la segunda juzguen si se han tenido en cuenta o no

Debilidades: 

1. Si usamos este tipo de taller a modo de primera ronda –primero como *Comentarios* y después como *Rúbrica*, por ejemplo– quienes participen en la primera recibirán el pleno (calificación máxima tanto por *Envío* como por *Evaluación*, todos, sin excepción) y si a continuación no participasen en la segunda **se les guardaría esa nota**, lo cual sería injusto para los demás, que si habrían cumplido con esa otra ronda mucho más exigente. Esto nos obliga a revisar manualmente el proceso para que resulte justo, por lo que al final **casi es preferible celebrar dos talleres por separado**.

2. Recordemos que las otras tres estrategias de calificación ya incluyen también la opción de un *Comentario* final si así lo habilitamos en aquel *Modo de retroalimentación global*, con lo que resulta que su funcionalidad estrella ya está prevista también por las demás.

3. Los campos de texto solicitados no permiten controlar el número de caracteres. Por tanto alguien podría participar en el taller y completar mediante unas breves respuestas, sin esfuerzo, todos estos apartados de feedback con lo que **su vagancia pasaría totalmente desapercibida** (recibiría la misma nota que los demás sólo por haber completado los campos) a no ser que lo revisásemos después manualmente.

## 3. Formato de *Número de errores*

Esta estrategia de calificación nos conmina a definir una batería de *Afirmaciones* a las que queremos que los evaluadores presten atención y juzguen en clave exclusivamente binaria (*Sí/No*, *Bien/Mal*, *Cumple/No cumple*, *Está incluido/No lo está...* etc.). Redactaremos libremente tanto la expresión que indica acierto como la que supone un fallo y, nuevamente, la ponderación relativa de cada aspecto si alguno es más grave o más meritorio que los demás.

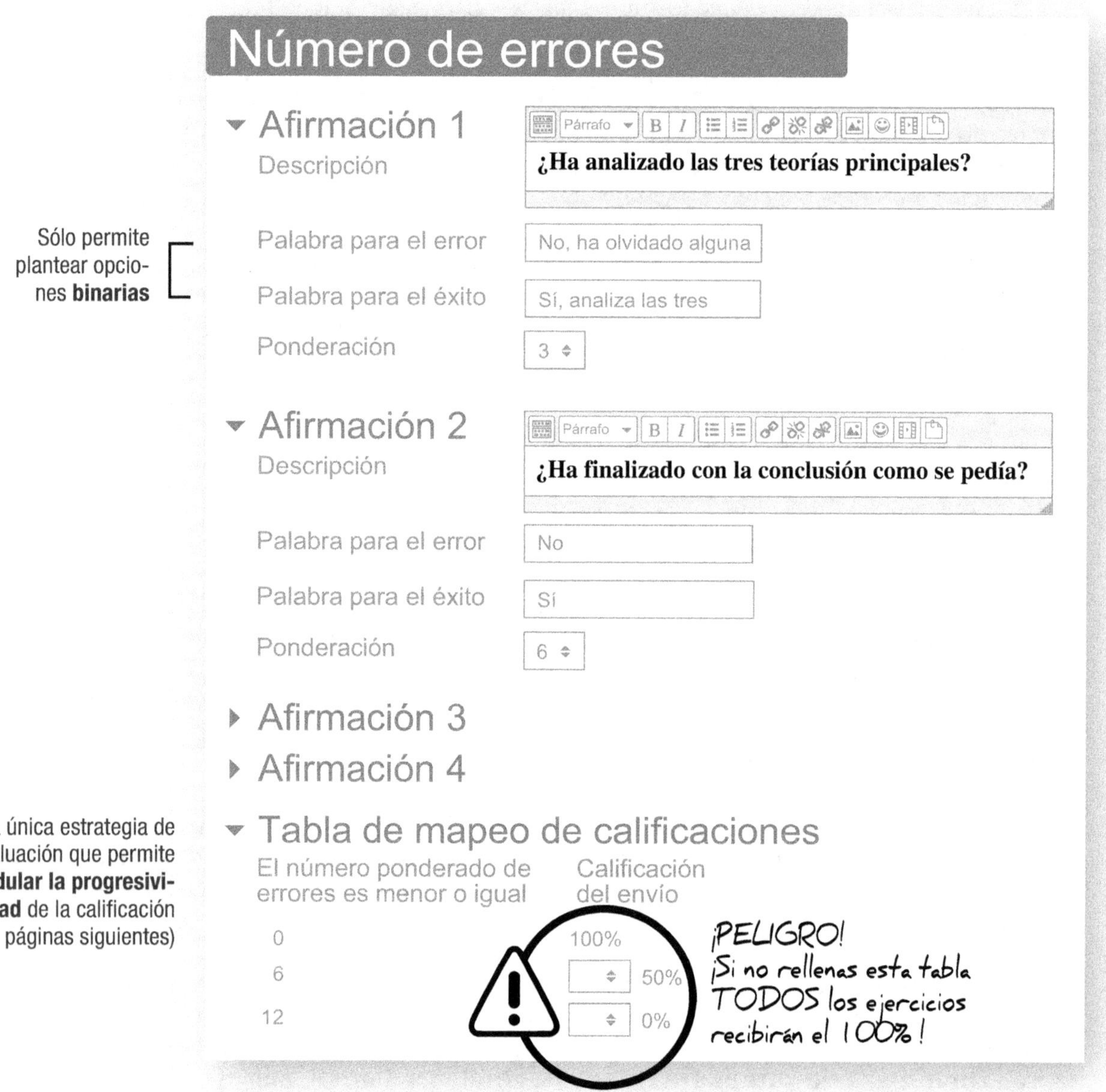



El último apartado, *Tabla de mapeo de calificaciones*, nos obliga —ojo— a ajustar la calificación atendiendo al número de aciertos obtenidos. En breve analizamos esto.

## Conclusiones sobre esta estrategia de calificación:

Puntos fuertes: 

1. Resulta más sencillo para los participantes evaluar mediante este tipo de afirmaciones concisas y formato repetitivo al que es **fácil acostumbrarse**.

2. Si están correctamente redactadas, las afirmaciones binarias (Acierto/Error) resultan menos subjetivas. Ello legitima el proceso evaluador y calificador del propio taller. Además, permiten al estudiante autoevaluar mejor su propia entrega y predecir qué resultado obtendrá, a la vez que le obligan a verbalizar de una forma más consciente **los posibles errores cometidos**.

3. Es la única estrategia de calificación que dispone de esa *Tabla de mapeo de calificaciones* para ajustar o reequilibrar las calificaciones... PERO

Debilidades: 

1. La configuración de esa *Tabla de mapeo* es **PELIGROSA**. Consulta las dos páginas siguientes antes de poner en práctica este sistema 

2. En algunos casos puede resultarnos más **difícil a los docentes simplificar** el aspecto evaluado hasta una afirmación tan rotunda en la que sólo quepa el sí o el no. Antes de optar por este tipo de evaluación comprueba si efectivamente vas a poder compartimentar todos los aspectos evaluables en afirmaciones binarias. Si por el contrario crees que algunos de esos aspectos exige una cierta matización recuerda que la rúbrica también permite plantear preguntas binarias combinadas con otras matizadas en diferentes niveles.

3. Esta estrategia de calificación debería haberse rotulado al revés, en positivo, *—Número de aciertos—* ya que es como realmente realiza los cálculos, mediante la suma de méritos, no la resta por fallos. Se echa en falta precisamente lo contrario, que se pudiera restar mucho por un fallo grave (por ejemplo una falta ortográfica imperdonable) mientras que no cometerla no sumase tanto, pero actualmente no existe esa posibilidad en ninguno de los cuatro tipos de talleres.

4. Por el contrario, denominada así nos está predisponiendo a los docentes a prever y redactar sólo los posibles **errores** y con ello ejercita después a los evaluadores también en el rastreo continuo de lo negativo de las entregas ajenas. —aparte de lo contraintuivo que supone la redacción inversa o tener que responder 'Sí' a «*ha cometido tal o cual fallo...*»—. Para evitarlo es imprescindible adoptar conscientemente la perspectiva contraria y preguntar por esos mismos aspectos en positivo (de forma que la frase evite cualquier negación o expresión que invierta el enunciado, como en el ejemplo de la página anterior) y que las palabras para el acierto sean también positivas, como '*Sí*', '*está presente*', '*lo cumple*', etc.). La corrección será un trabajo mucho más intuitivo para todos si cada ejercicio evaluado va ganando y '**sumando' poco a poco nota a medida que se acumulan aciertos** a lo largo de la rejilla de corrección, en lugar de recorrer el camino inverso e ir perdiéndola.

## Qué es eso de la *Tabla de mapeo de calificaciones*

La estrategia de calificación *Número de errores* se merece un epígrafe aparte por este apartado final, que la hace única y muy peligrosa. Mediante esa *Tabla de mapeo de calificaciones* deberemos modular manualmente la curva de exigencia, es decir, que cada porcentaje de aciertos suponga obtener una determinada calificación. Pero **si olvidamos rellenarla y pasamos a la fase de evaluación todos los envíos recibirán un 100% de la nota**. Para deshacer semejante entuerto tendríamos que *Borrar* todas las evaluaciones y avisar a los participantes de que volvieran a rellenar las rúbricas de evaluación. Es lo último que desearíamos que suceda. Así que veamos cómo funciona:

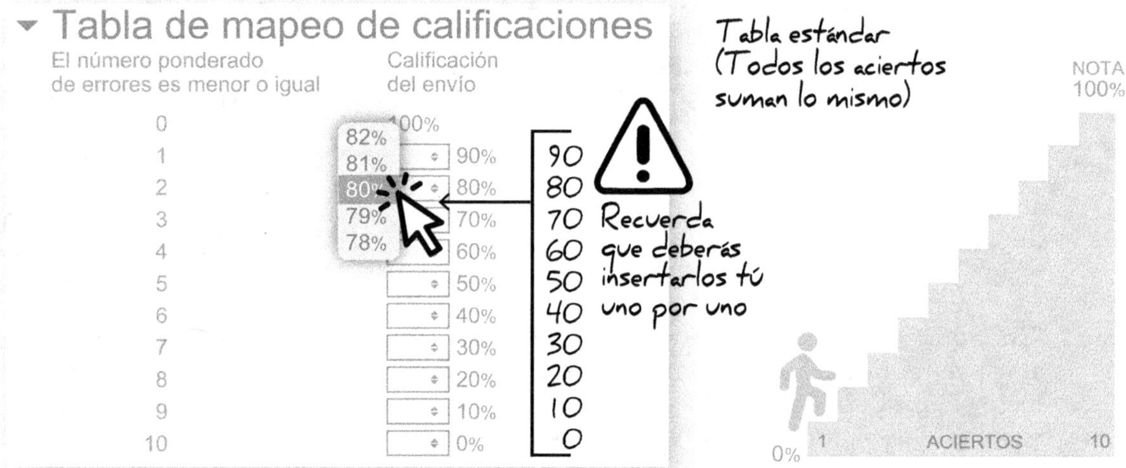


Si insertamos los valores que indica por defecto, todos los aciertos sumarían lo mismo.

Ahora pongamos que por la elevada exigencia del ejercicio que estamos pidiendo decidimos que se podría **perdonar un par de errores**. Así que incurrir en uno o dos cualesquiera es perfectamente aceptable con sacar un sobresaliente, en lugar del 80% que correspondería a los ocho aciertos. En tal caso remapearemos manualmente la calificación asignada a esos 2 fallos e incrementaremos su nota hasta, por ejemplo, un 96%. A partir de ella **calcularemos proporcionalmente las otras** (Por ejemplo, cuatro aciertos pasaría a ser casi un aprobado, y por el lado opuesto acertar nueve, un 98%)

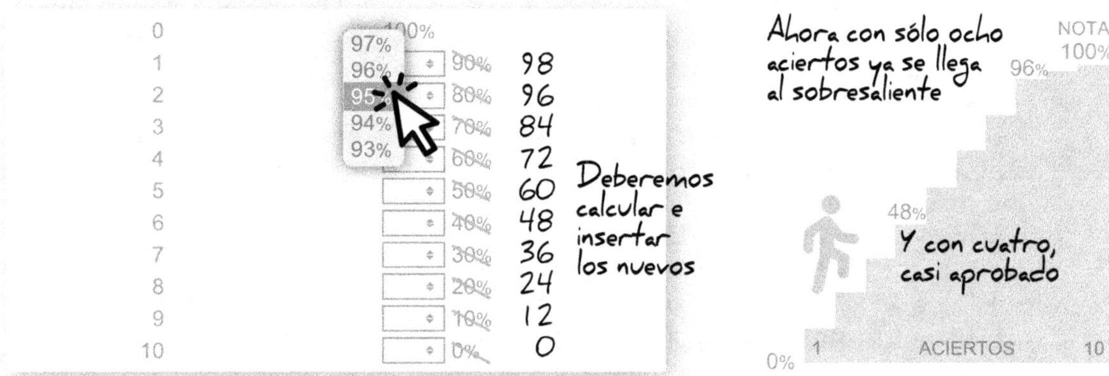

O al revés. Puede darse el caso opuesto: que necesitemos reducir el mérito de los aciertos. En una ocasión un asistente al Taller de Talleres *Teach Twice* me hacía la siguiente consulta: Él pedía a sus pupilos un ejercicio de redacción y quería diseñar una plantilla de corrección que previese posibles faltas de ortografía de la siguiente forma: que cometer una falta grave –como confundir una B por una V, obviar una hache, etc.– restase mucho, pero que no hacerlo no sumase tanto, claro. De lo contrario, por el hecho de redactar normal se estaría regalando demasiada calificación. Para un caso así esta *Tabla de mapeo de calificaciones* nos permitiría comprimir las notas por abajo configurando un primer listón en, por ejemplo, siete aciertos, que podrían exigirse para aprobar (50%) y los últimos tres para llegar hasta la nota máxima. Nótese cómo en este caso los primeros aciertos casi han perdido su mérito (necesitamos muchos para llegar al aprobado) y viceversa, esos primeros tres errores restan mucha nota.

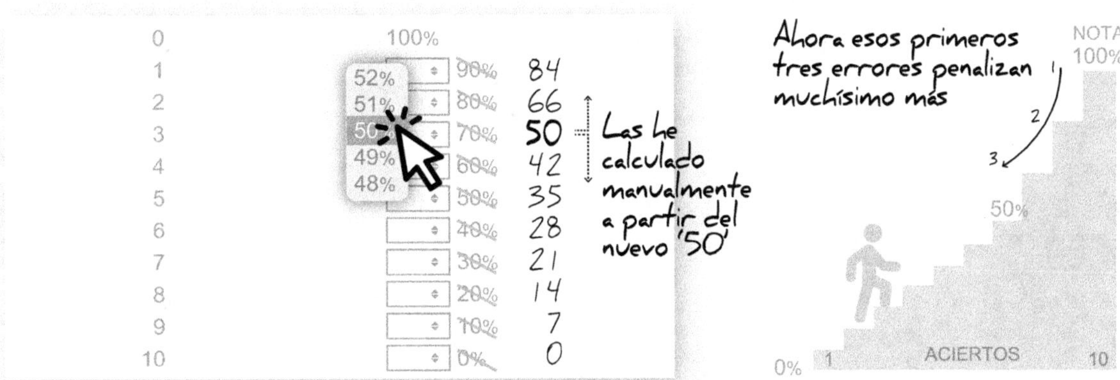


En la primera columna se muestran como *Número ponderado de errores es menor o igual* el máximo que se puede cometer. Así, si hemos dejado definidas tres *afirmaciones*, una con un valor de '4', otra con un valor de '7' y la última de '2', el número total de *errores* que se podría cometer sería de 13. Nótese que aunque un estudiante sólo podría obtener las puntuaciones múltiplo de estas tres cifras (es decir, en este caso tan sólo estas ocho combinaciones: 0, 2, 4, 6, 7, 9, 11 y 13) la columna prevé todas las intermedias también y la calificación orientativa de cada tramo, en porcentajes sin decimales.

> Recordemos que aquí no estamos otorgando directamente 'puntos' al estudiante, **sino un porcentaje sobre aquella calificación** por el envío que dejásemos configurada en los Ajustes del taller

Atención de nuevo aquí si incluimos una nueva afirmación o borramos otra, porque tras cualquier cambio tendremos que **volver a completar íntegros todos los valores** de la tabla de mapeo para que este último cambio sea tenido en cuenta. Desesperante.

Una forma ágil de decidir estos tramos es **establecer el nuevo aprobado**. Es decir, elegir aquél punto intermedio que más se adapte a lo que necesitamos (por ejemplo si quiero **encarecer** el aprobado pienso: «*Del total de 14 aciertos posibles se permite fallar no la mitad, sino sólo cinco para aprobar*») y ajustar su nuevo porcentaje con el desplegable. Para ello, a 'cinco fallos' y le asignaríamos ese 50% de la nota. A continuación distribuiremos los primeros cinco puntos entre los nueve aciertos (5,5% cada uno), redondeando los decimales, y los últimos cinco puntos de ahí en adelante, con los restantes cinco aciertos (10% cada uno).

## 4. Formato de *Rúbrica*

Es la estrategia de calificación más versátil. Nos permite definir tantos *criterios* de evaluación como deseemos para que sean evaluados de cualquiera de esas otras tres formas vistas hasta ahora (ya que aquí podremos redactar libremente escalas con los niveles de corrección que queramos establecer –'*Malo/Regular/Bueno/Excelente*'–, o bien afirmaciones binarias 'Sí/No' o con escalas) a las que además podremos asignar también libremente sus respectivos valores numéricos o solicitar comentarios.

Hay un par de limitaciones técnicas a tener en cuenta en la redacción de rúbricas:

En primer lugar, que independientemente del orden en que redactemos las definiciones, una vez asignada la calificación a cada nivel éstas **se les mostrarán después en la pantalla según su puntuación**. Es decir, si al *Criterio 1* –que pongamos que lo hemos descrito como *«Nivel de originalidad»*– le asignamos tres niveles: *«Alto / Bajo / Regular»* con sus respectivos valores 10 / 0 / 5, automáticamente Moodle los reordenará para que en pantalla se lean de menos a más, es decir: *«Bajo / Regular / Alto»*. Esto, que en descripciones breves no es un problema, sí puede ser un obstáculo grave al redactar rúbricas con frases más elaboradas o interdependientes y con redacción entrelazada. Tengamos cuidado, pues, y sabiendo esto construyamos nuestras rúbricas autoexplicativas comenzando siempre desde lo 'peor' hacia lo 'mejor'.

Y, relacionado con lo anterior, que todos los niveles de un mismo criterio han de tener **calificaciones numéricas diferentes** (no nos aceptaría, por ejemplo: 0/5/5/10).

Finalmente, la opción *Guardar y previsualizar* nos permitirá ojear el resultado final en pantalla antes de dar el visto bueno. Hay dos opciones de presentación: ***Lista*** y ***Rejilla.*** Según la longitud de las afirmaciones y de la complejidad de tus categorías resultará más adecuada una u otra. Piensa siempre en la adaptabilidad/*responsiveness* a los dispositivos de tus usuarios. Aunque trabajemos en el monitor de un ordenador cada vez más nuestros estudiantes visualizarán esa rúbrica desde sus respectivos smartphones y tabletas y pulsarán no con el ratón, sino con sus propios dedos.

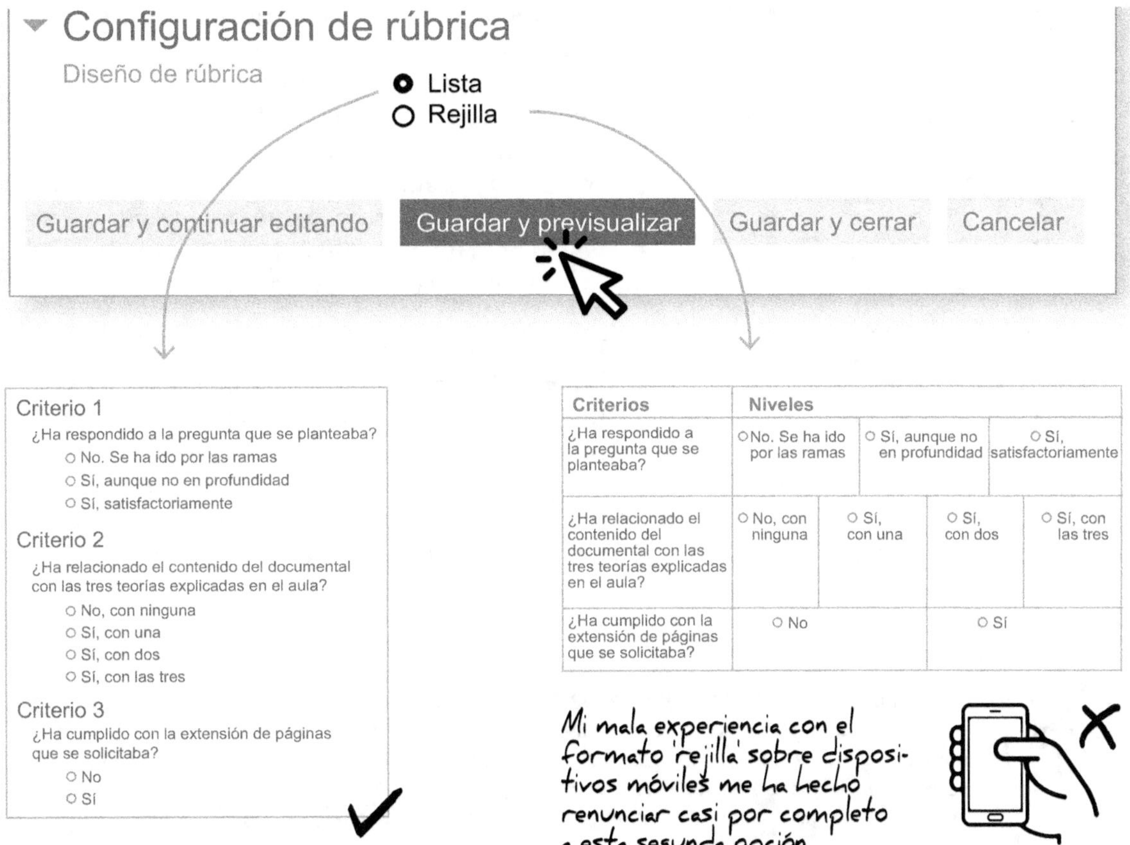

Si vas a necesitar mayor matización numérica aprovecha que el desplegable permite jugar con valores mayores, cada uno desde cero hasta cien. Así, si tenías pensado otorgar una escala con estos cuatro valores: 0/1/1/2 donde los dos centrales eran el mismo, puedes aprovechar toda la gama del desplegable y sustituirlos por 0/49/50/100, que tiene un resultado matemáticamente muy similar.

Ahora bien, en este caso, a la hora de computar la nota de los evaluadores (al juzgar al juzgador) también ocurrirá que Moodle los considerará casi la misma respuesta, es decir, como no hay casi diferencia cuantitativa entre la opción segunda (49 puntos) y la tercera (50) tendrá por prácticamente equivalente responder una o la otra y **discriminarán muy poco.**

Quizás has echado en falta con cada criterio su respectiva ***Ponderación*** que antes sí estaba presente en los *Aspectos* y las *Afirmaciones* respectivamente. En el caso de la *Rúbrica* no aparece. Es innecesaria, ya que como aquí estamos definiendo libremente esos valores mínimos, intermedios y máximos —cada uno de cero a cien—, al hacerlo ya estamos ponderando directamente su peso. Así, si por ejemplo quisiéramos asignar al primer criterio un valor normal (dividido en cuatro niveles, por ejemplo: 0/1/2/3) y creemos que el segundo criterio debería pesar el triple, bastaría con ampliar proporcionalmente el valor de sus niveles (0/3/6/9) y así sucesivamente con el resto de criterios.

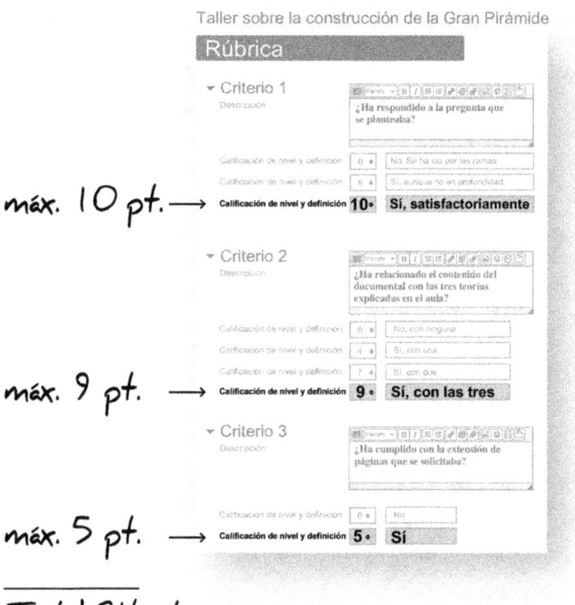


El sistema considera que el valor total de cada criterio es **la máxima nota que pueda obtenerse en él**. En la rúbrica de este ejemplo serán 10, 9 y 5 respectivamente, así que ya llevaríamos acumulado un máximo de 24.

Pongamos que para rematar esa rúbrica quisiéramos añadir un cuarto y último criterio, el más importante, que pesará tanto como esos otros tres juntos. Entonces deberíamos darle un valor máximo de 24 y a partir de ahí construir hacia abajo su escala (por poner ejemplo, si quisiéramos que tuviera cuatro niveles podrían ser: 0/9/17/24) con lo que el nuevo total acumulado pasaría a ser 48.

Recordemos que **no estamos asignando 'puntos'** directamente a cada apartado, sino tan sólo equilibrando entre sí sus respectivos pesos relativos. Por eso no nos importa tanto cuánto sumen en total, sino sólo sus proporciones relativas. Sabemos que la puntuación que valían tanto el envío como la evaluación **ya los dejamos fijados** en su momento en los *Ajustes* del taller, en el apartado *Ajustes de calificación*. Allí volveremos cuando queramos cambiarlos.

En internet puedes encontrar **repositorios de rúbricas que han sido utilizadas y compartidas** por otros docentes, sobre todo para evaluación sumativa, como: **edrubrics.additioapp.com**, o **cedec.intef.es**. En inglés, la asociación de Universidades e institutos ofrece una selecta batería de 16 rúbricas multidisciplinares: https://**www.aacu.org/value-rubrics**. Si es la primera vez que construyes una es muy aconsejable revisar antes su redacción para inspirarse en estos ejemplos

## Conclusiones sobre esta estrategia de calificación:

Puntos fuertes: 

1. Aunque con sus propias limitaciones, la Rúbrica es, con diferencia, la estrategia de calificación **más versátil, flexible y adaptable de las cuatro**. Permite construir tablas de calificación similares a las que ofrecen *Calificación acumulativa* y *Número de errores*, cosa que al revés no es posible.

2. Permite un acabado más fino y un mayor control del aspecto visual definitivo que tendrá en pantalla nuestra rejilla de respuestas, así como modular y subdividir libremente los valores numéricos de cada nivel.

3. Se diría que la Rúbrica **despliega todas las potencialidades del taller** de coevaluación, que casi parece construido en torno a esta figura.


Debilidades: 

1. Precisamente esa versatilidad y potencial **nos obliga a los docentes a construirla más cuidadosamente** —lo que hace casi imprescindible tenerla preparada de antemano—. Exige un mayor grado de esfuerzo intelectual.

2. No permite reordenar los criterios una vez construidos. Así que si tras terminar de redactarla decides incluir uno nuevo o cambiarlos de orden deberás trasladar uno por uno los contenidos de las cajas a sus nuevas posiciones. El proceso de modificación puede ser tan tedioso, lento y arriesgado que aconsejo volver a volcar **desde cero todos los campos** que queramos retocar. Se trata de otra razón más por la que resulta casi imprescindible construirse previamente la Rúbrica aparte, en otro documento y preparar nuestros cálculos fuera de la web para después proceder a plasmarla tranquilamente en la plataforma

3. Ninguno de los cuatro tipos de talleres permite puntuar 'negativo' por los fallos o errores clamorosos. El mínimo es por tanto 'cero' en todos los criterios. Pero en el caso concreto de este taller mediante *Rúbrica* resulta especialmente extraño, ya que para la calificación de otras actividades, como las Tareas, Moodle sí permite diseñar rúbricas con criterios que prevean **valores negativos**.

## Como adaptar mis rúbricas **a Moodle**

Recuerda incluir siempre el valor 'CERO' que Moodle necesita como base de la escala

### Criterio 1

**Responde a lo preguntado.** (15 ptos.)

- 15   Sí, satisfactoriamente
- 8   Sí, aunque no en profundidad
- *0*   No. Se ha ido por las ramas

### Criterio 2

**¿Relaciona el contenido del documental con las dos teorías explicadas en el aula?**

- ~~10~~   Bien
- ~~0~~   Mal
- ~~5~~   Regular

Redáctala **en orden de** menos a más, tal y como la verán tus estudiantes

- 0   Mal
- 5   Regular
- 10   Bien

Prevé siempre la posibilidad de **Entrega en blanco/no válida** de lo contrario un caradura se llevaría aquí 5 puntos

### Criterio 3

**Sobrepasa el límite máximo de palabras**

- **0**   **Entrega no válida**
- 1   Sí
- 5   No

*NOTA: "Fallar dos de los tres criterios supone suspenso directo"*

No se pueden interrelacionar/multiplicar/dividir entre sí los criterios. **Todo suma o no suma. Nada más**

## Como redactarlas más **eficientemente**

Evita verbos en presente (los enunciados aparentan imperativos), mejor en pasado e interrogantes: ¿Ha respondido... ¿Ha relacionado...

### Criterio 1

~~Responde~~ a lo preguntado. ~~(15 ptos.)~~
**¿Ha respondido...**

- 0   No. Se ha ido por las ramas
- 7   Sí, aunque no en profundidad
- 15   Sí, satisfactoriamente

Ni mencionar las calificaciones. Al contrario, **el evaluado es EL,** que ahora se la juega y debe responder correctamente

### Criterio 2

**¿Relaciona el contenido del documental con las dos teorías explicadas en el aula?**

- 0   ~~Mal~~   **Peor que la media**
- 5   ~~Regular~~   **En la media**
- 10   ~~Bien~~   **Destaca sobre los demás ejercicios**

Evitemos adjetivos. Si aún así fuera imprescindible emitir juicios de valor, una forma de objetivarlos es **considerar al resto como rasero**

Redacta en positivo (¿Ha hecho? ...ha cumplido? ...) Pregunta siempre **por los aciertos,** no por los errores

### Criterio 3

~~Incumple~~ el límite de palabras permitidas
**¿Cumple..**

- 0   ~~Sí~~   **Se ha pasado**
- 5   ~~No~~   **Lo ha respetado**

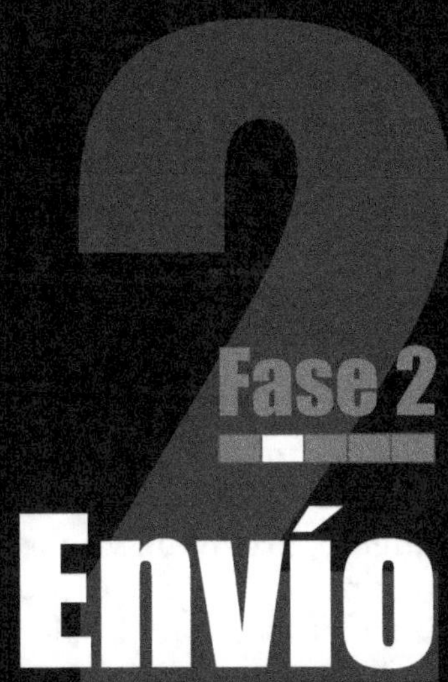



# Fase 2

# Envío

**Docentes:**

Nos sentamos a observar. A medida que los estudiantes más madrugadores vayan entregando aprovecharemos para **abrir esos primeros ejercicos y fisgarlos. Es algo muy conveniente** ya que nos llevaremos sorpresas que nos harán replantearnos la rúbrica o incluso rectificar instrucciones

**Estudiantes:**

En esta fase ya pueden entregar sus ejercicios (a no ser que estableciésemos un plazo diferente en 'Ajustes', cuidado)

# 2. Fase de envío

Esta es la fase de **recepción de los ejercicios** y la primera vez que el alumnado tiene acceso al taller. Por fin pasan a ser ellas y ellos los auténticos protagonistas.

**El taller nunca entra por sí solo en esta fase de envío.** Sólo cuando **pulsemos manualmente** en *Cambiar a la siguiente fase* —o en el correspondiente círculo negro de su icono— los estudiantes podrán comenzar a subir sus tareas. Hasta este momento el taller sólo les mostraba un lacónico *«El taller está siendo configurado»* que sólo les permitía ver su Título, Descripción y ubicación en el curso, pero nada más. Aún no conocían las instrucciones ni podían realizar envíos.

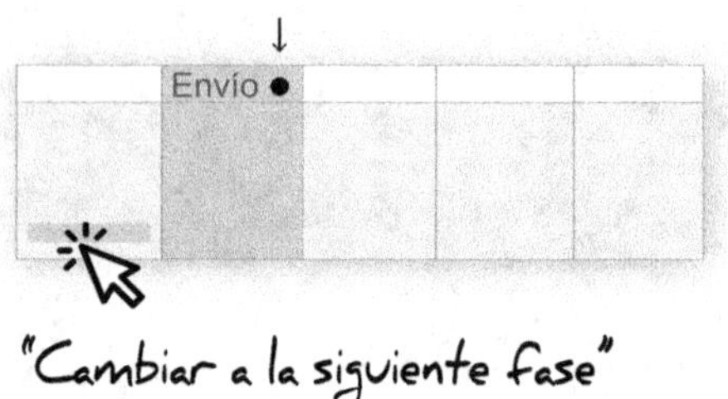


"Cambiar a la siguiente fase"

Ahora, mientras los estudiantes ven las instrucciones y comienzan por fin a participar de la actividad, el profesor puede **seguir configurando el resto de apartados del taller –sobre todo la rúbrica– a la vez que ojea las primeras entregas.** Es importantísimo revisar esos primeros ejercicios a medida que llegan porque si se hubiera producido algún desajuste –y ocasiones para que eso ocurra no faltan– aún estaríamos a tiempo de detener el proceso, arreglarlo y avisar a los participantes del cambio o del posible malentendido.

¡Ojo! Recuerda que si en su momento habilitaste en 'Ajustes' la restricción horaria y ese plazo aún no se hubiera cumplido **les sería imposible entregar tareas**. No basta con haber pasado manualmente a esta fase, sino que debe cumplirse también esa otra condición para que finalmente se abra el grifo a la recepción de los ejercicios.

**Qué ven ellos:**

En cuanto pasemos a 'Envío' los estudiantes verán por primera vez aquellas **instrucciones para el envío** que dejamos listas en los **Ajustes**

El botón para subir la tarea les invita a **"Empezar"** a preparar su envío

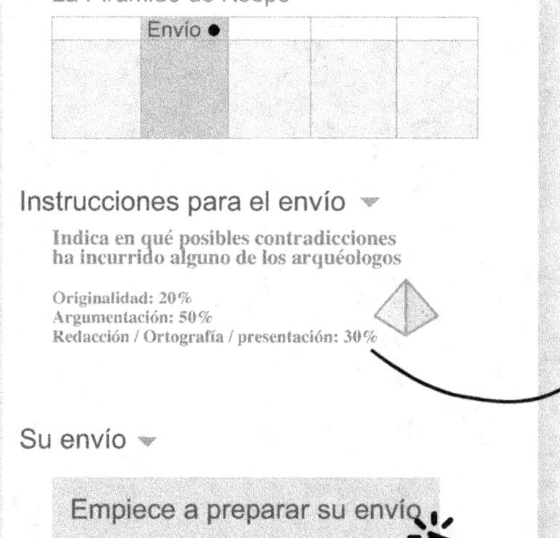


Recuerda la importancia de haberles anticipado, aunque sólo sea someramente, **cuáles serán los criterios de valuación**

Recordemos que los profesores solemos trabajar ensimismados sobre Moodle y normalmente sin supervisión por parte de terceros. Cuando los estudiantes observan algún tipo de anomalía cada uno de ellos va a salir del paso a su manera.

Por ejemplo, pongamos que en el enunciado les solicitamos explícitamente que entreguen la tarea en un archivo PDF y se nos ha olvidado activar la casilla correspondiente en aquel *Tipos de entrega-Archivos enviados*. Ocurrirá que algunos participantes esperarán, pasivos, sin entregar hasta que el problema se solucione solo. Otros, más intrépidos, copiaran su texto terminado, lo extraerán del fichero y lo pegarán en la ventana de la entrega para poder seguir adelante... Finalmente, para cuando uno de ellos tome la iniciativa de avisarnos del problema la casuística de cada ejercicio entregado será ya tan amplia que nos será imposible seguir con la siguiente fase (evaluación mediante rúbrica) de una forma mínimamente justa porque los evaluadores otorgarán notas dispares. Ante un mismo ejercicio unos pulsarán en *No satisfactorio* y otros en *Satisfactorio* con las mismas buenas intenciones si desconocen que hubo estos problemas previos.

En ocasiones puede ocurrir que aunque creamos que todo está correctamente configurado y los estudiantes han recibido (y entendido) la información necesaria para participar, en realidad hay tantas circunstancias que pueden llevar a malinterpretaciones, links rotos, pantallas de diferentes tamaños que muestran un contenido u otro... Por ello es **vital ojear sobre la marcha si estas primeras entregas cumplen con nuestras expectativas**.

Pero la razón más importante para ojear estas primeras respuestas es que son una fuente inagotable de información **para mejorar nuestro formulario de evaluación**. Recuerda que  durante esta fase aún no está publicada tu rúbrica o los posibles errores en los que fijarse, los aspectos que deberán comentar, etc. Aunque creas que has previsto todos los despistes/errores/méritos o elementos posibles a juzgar por sus pares, los estudiantes siempre te sorprenderán. La casuística de desviaciones inverosímiles que cada uno de ellos es capaz de explorar resulta imposible de prever por el profesor.

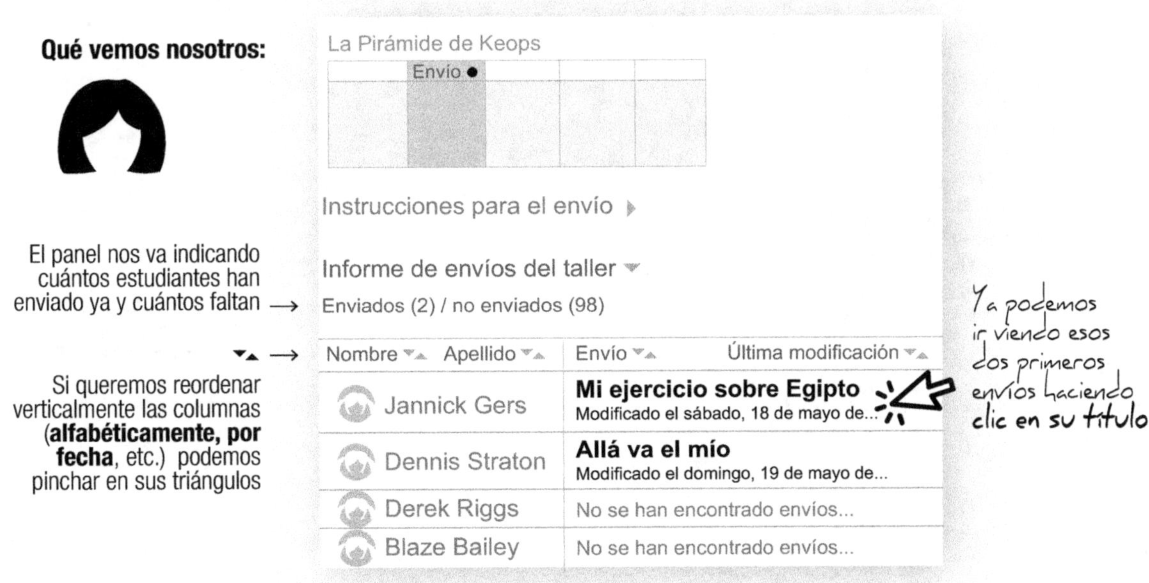

Por más que lleve docenas de talleres configurados hasta la fecha, aún no se ha dado el caso en que **no haya tenido que reajustar mi rúbrica** de evaluación a la vista de sus primeras entregas. Incluso curso tras curso y aunque repita exactamente las mismas instrucciones la tarea de refinamiento parece continuar hasta el infinito.

Y de alguna forma es también el propio taller el que se ve beneficiado y se va depurando con el propio uso. El hecho de que la rúbrica y sus criterios de evaluación se puedan modificar y mejorar durante esta *Fase 2* es vital para que toda la actividad avance hacia el ideal de una evaluación formativa y justa. Pero, claro, ese parcheo hay que hacerlo ahora, antes de que pasemos a asignar los envíos (*Fase 3*) o ellos comiencen a aplicar la rúbrica (*Fase 4*).

### ¿Pueden modificar o eliminar su ejercicio una vez enviado?

Sí. Mientras dure la fase de *Envío* los participantes pueden volver a subir otro ejercicio o eliminar el que entregaron. A diferencia del resto de 'tareas' de Moodle, en las que podemos evitar la 'reapertura' –de forma que si un estudiante se arrepiente de su respuesta ya no tiene marcha atrás– en los talleres podrán hacerlo siempre que nos encontremos en esta fase. Así como también *Eliminar el envío* mientras éste aún no haya sido coevaluado.

**Qué ven tras haber entregado:**

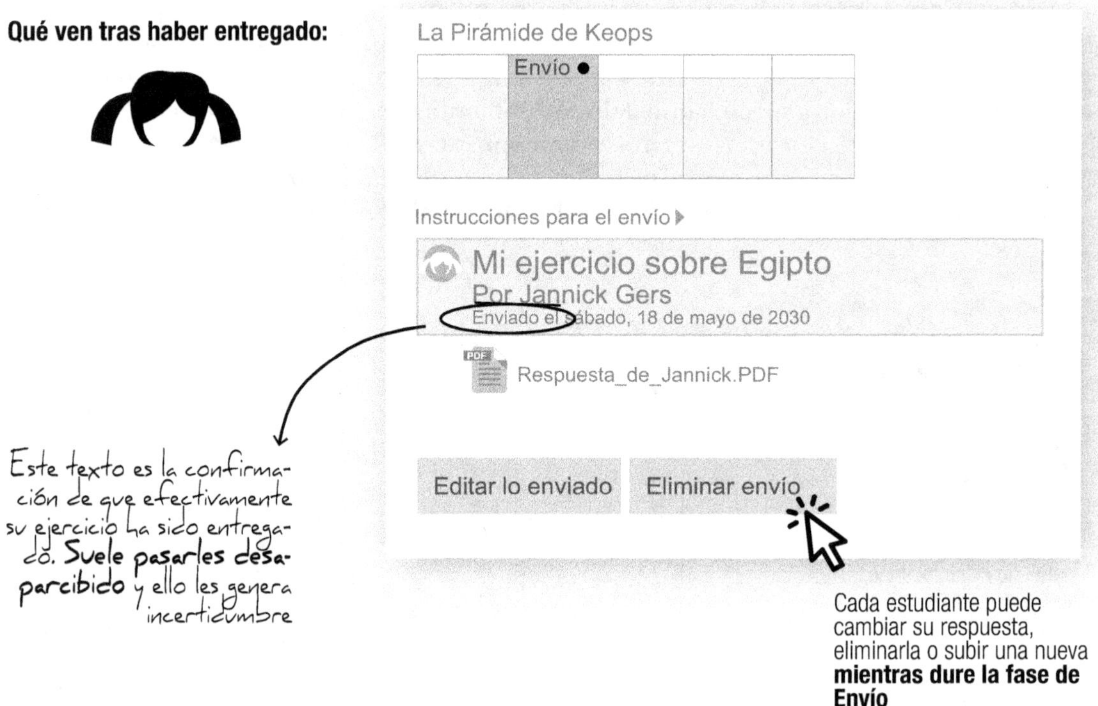


Este texto es la confirmación de que efectivamente su ejercicio ha sido entregado. Suele pasarles desapercibido y ello les genera incertidumbre

Cada estudiante puede cambiar su respuesta, eliminarla o subir una nueva **mientras dure la fase de Envío**

# Fase 3

# 3

# Asignación

# 3. Asignar envíos

Aunque Moodle no parezca otorgarle el rango de 'fase' diferenciada o dedicarle una columna con epígrafe propio a este momento, la asignación cruzada de las tareas que cada participante va a evaluar se la merecería como sección aparte. Es uno de los momentos más interesantes del taller. Se accede a ella así:

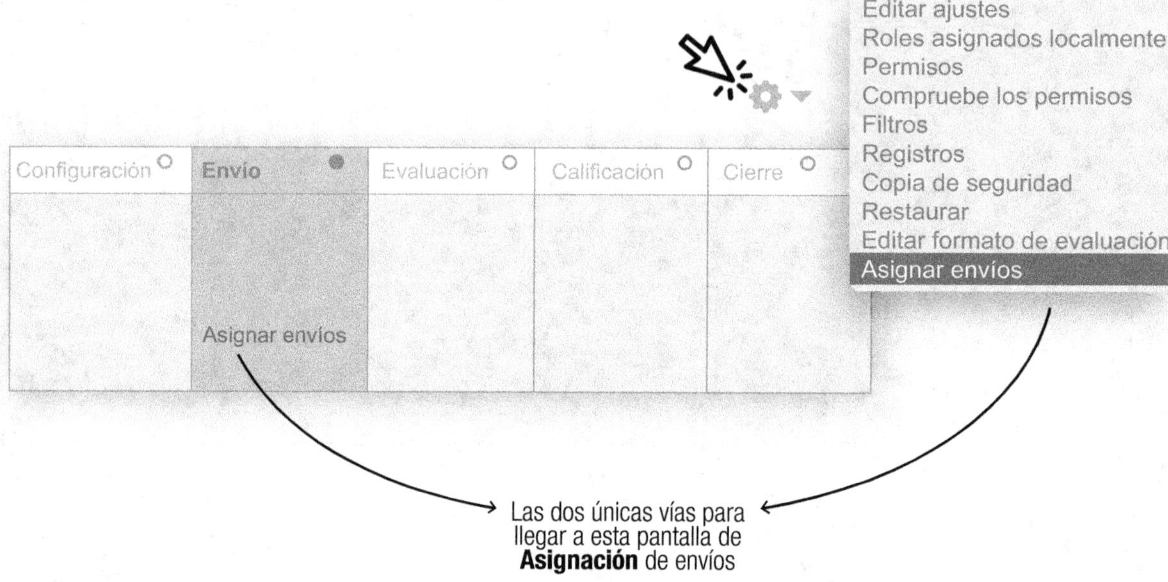

Para borrar las asignaciones: elige 'cero' evaluaciones, activa 'eliminar' las actuales y deshabilita la autoevaluación

Antes de proceder con ella ten en cuenta:

1. Que para comenzar con la asignación nos conviene que los estudiantes **hayan terminado ya de entregar sus tareas**. Habría varias formas de cortar ese grifo de entrada de ejercicios. Por ejemplo: retroceder momentáneamente a la fase anterior –la de *Configuración*, en la que no se pueden realizar entregas– o bien dejar fijado de antemano aquel tope temporal que vimos (*Fecha* y *Hora*) desde los *Ajustes*.

> Si en Ajustes habilitaste la opción *«Cambiar a la siguiente fase después de la fecha límite para envíos»* ese avance a 'Evaluación' podría haberse producido automáticamente, cuidado

También se podría cortar ese flujo pasando a las siguiente fase –*Evaluación*– pero entonces los evaluadores verían brevemente en pantalla una contradicción: que el taller esté ya listo para empezar a evaluar y sin embargo no tengan asignados envíos. Así que evitemos esta tercera opción. Si lo deseas, también puedes 'ocultar' momentáneamente el taller desde la portada del curso.

2. Que este momento de la asignación de envíos es una fase **privada**, sólo visible para el profesor. Podemos equivocarnos, hacer pruebas, reasignar, etc. tantas veces como necesitemos ya que los estudiantes sólo verán dichas asignaciones cuando pulsemos en Avanzar a la siguiente fase, la de *Evaluación*, ya sí pública.

> De hecho, es **posible borrar en cualquier momento todos los cruces** que estés probando a hacer. (Ver ilustración en la página anterior) Simplemente selecciona 'Cero' evaluaciones, así como «Eliminar asignaciones actuales» y desactiva «Agregar autoevaluaciones». Así, al Guardar cambios se resetearán todas las asignaciones. Por tanto puedes probar sin miedo a combinar todas sus posibilidades, rectificar y familiarizarte con este menú mientras no avances el taller a la siguiente fase: 'Evaluación'. Por otro lado, si estás borrándolas a posteriori, cuando ya se hubieran evaluado estudiantes entre sí, este borrado general **respetaría esas evaluaciones. Sólo se borran, por tanto, las asignaciones que aún no han cuajado en revisiones**.

3. Que una de las características más peculiares de esta asignación de evaluadores, la de que cada uno se pueda también **autoevaluar** o revisar sus propios trabajos, se configura en este menú, pero sólo si –recuerda– lo habíamos dejado activado antes, en los *Ajustes* iniciales del taller. Allí deberemos volver si se nos olvidó activarla.

4. Que otra de las características pedagógicamente más interesantes del taller es la opción de que incluso los participantes **que no entregaron** su ejercicio –y por tanto perdieron esa ocasión de obtener la primera parte de la calificación– puedan ahora reengancharse al taller y tener una segunda oportunidad para aprender y ejercitarse durante esta otra fase, evaluando ahora las respuestas de los demás y logrando al menos esa otra mitad de la nota. Se trata de uno de los puntos fuertes del taller.

5. Que si en su momento habilitamos la opción *Permitir envíos fuera de plazo* deberemos estar atentos a los rezagados y acordarnos después de asignarles tanto a ellos entregas para evaluar como a sus propios ejercicios evaluadores que las revisen.

## ¿Y cuántas tareas debería asignar a cada evaluador?

Pues la respuesta es rotunda: **más de las que pensabas**. Veamos por qué.

Podemos elegir libremente el número de envíos a asignar cruzadamente a cada participante para que evalúe: desde sólo uno hasta treinta (o los participantes que haya). Entre 0 y 10 la cifra es libre. A partir de ahí sólo permite 15, 20 y 30 cruces). Y dado que Moodle calculará la nota de cada envío **haciendo la media aritmética de las recibidas**, cuantas más evaluaciones reciba un ejercicio más se acercará a su calificación objetivamente merecida y más difícil que algún participante malintencionado o desinformado influya en exceso en ella.

Aunque a primera vista pueda parecernos que con cuatro o cinco evaluaciones es suficiente y ya les estamos 'explotando demasiado' en esta labor que en principio nos correspondería a los profesores, en la práctica comprobarás –si les observas mientras la realizan– que la **aplicación de una buena rúbrica es una tarea mucho más rápida de lo que parece**. Aconsejo dedicar mucho más tiempo a diseñarla bien para a continuación no tener ningún problema en exigirles que evalúen a un número mayor de participantes (por ejemplo, siete, nueve, quince...)

Pero, más decisivo aún: que la nota que los propios jueces después recibirán como evaluador se basa en lo que cada uno se haya alejado del consenso (la media), por lo que por debajo de tres evaluadores (con dos) no hay diferencia en cuanto al disenso (ambos se alejan por igual de la media) y automáticamente ambos obtienen un 'diez'. Así que plantéate el **3 como cantidad mínima de jueces posible**.

Comentaremos más adelante que suele ser más conveniente usar cifras **impares**. Personalmente aconsejo un mínimo de **siete o nueve** evaluaciones por cada envío, siempre dependiendo del volumen de trabajo a evaluar, claro.

Recuerda también que aunque les asignes envíos para evaluar ello no garantiza que todos vayan a cumplir con esta segunda parte del ejercicio. Es más, si te planteas dar entrada a los remolones en esta nueva fase de Evaluación –activando aquella opción de manga ancha «*Los participantes pueden evaluar sin haber enviado nada*»– es muy posible que se reduzca aún más el porcentaje de participación. Por experiencia. No te sorprendas cuando compruebes que casi todos esos estudiantes que dejaron pasar la primera oportunidad también renuncian a esta segunda que con toda tu buena fe les estabas dando.

## ¿Mejor calculadas *Por envío* o *Por revisor*?

Por revisor. Sin duda, ya que te da un mayor control sobre el resultado final. Así todos los participantes tienen la misma carga de trabajo y se obtienen más cruces que *Por envío*, por la sencilla razón de que el número de revisores (participantes) siempre va a ser superior al de entregas –y, además, predecible de antemano–.

Una vez tenido en cuenta todo esto ya puedes probar el sistema de asignación que necesites de entre estos tres tipos, cada uno indicado en una de las pestañas superiores:

> *Manual*: Tú eliges uno por uno quién evalúa a quién
> *Aleatoria*: Moodle los empareja al azar
> *Programada*: También al azar pero en este caso con la posibilidad de planificarlo para que el sistema lo realice en otro momento, al finalizar la fase de envío.

## Asignación aleatoria:

La primera vez que asignemos envíos conviene comenzar con la *Aleatoria*. Los ajustes de este modo de asignación resultan muy intuitivos:

Mediante el ***Modo de grupo*** se nos **informa de lo que dejamos elegido en Ajustes**: cruces de todos con todos (*No hay grupos*, es decir: 'totum revolutum', de forma que a cualquiera le pueda tocar también cualquier otro) o, por el contrario, si cada estudiante sólo podrá ser evaluado por miembros de su mismo grupo ('*Grupos separados*'), que viene a funcionar en la práctica como varios mini talleres de coevaluación estancos). En este caso cada participante sólo vería, evaluaría y sería evaluado por los demás de su mismo grupo.

Pero claro, para ello es necesario que esos grupos existan previamente y que —recordemos— así lo hubiéramos dejado habilitado anteriormente en el apartado *Ajustes* que vimos.

Este caso de la coevaluación **dentro del grupo** es muy habitual: pongamos que tus estudiantes han entregado un trabajo realizado entre varios y a continuación a ti te gustaría consultarles quién se ha esforzado más que los demás o en qué aspecto ha brillado cada uno. Si dispones de esos mismos grupos ordenados y perfectamente clasificados en Moodle (Recuerda el plug-in instalable 'Autoselección de grupo' [Pág. 31], para que **los propios estudiantes se organicen en grupos** en lugar de tener que realizar nosotros esta tediosa labor) puedes asignar ahora cómodamente esas evaluaciones cruzadas. Ahora bien, si los grupos son pequeños (por ejemplo, cuatro componentes, donde cada uno sólo es evaluado por otros tres) recuerda que la 'Calificación por la evaluación' va a tener importantes desviaciones, con lo que sólo sería significativa la otra, la 'Evaluación por la entrega'. Por tanto, si se trata de una clase manejable plantéate si no te resulta más cómodo liquidarla pasando un formulario/cuestionario en papel y realizando manualmente las sumas.

Pero en esta pantalla el apartado *Modo de grupo* está funcionando en realidad como **mero recordatorio** de la decisión que ya tomamos en aquel otro momento. Para cambiar la selección tendríamos que volver a *Ajustes*.

Mención especial merece esa tercera opción titulada *Grupos visibles* porque introduce la interesantísima opción opuesta: «***Impedir revisiones por pares del mismo grupo***». Es decir, en lugar de reducir el ámbito de trabajo al grupo propio, esta opción, al contrario, excluye a los propios miembros de cada grupo de evaluarse entre sí.

Pongamos, por ejemplo, que mis estudiantes han preparado una exposición pública en el aula en grupos de cuatro componentes. A continuación quiero que evalúen qué les han parecido **las exposiciones ajenas**. Si tengo esos mismos grupos creados en Moodle puedo configurar el taller con 'grupos visibles' para a continuación impedir que a cada uno le toque evaluar esa exposición en la que participó él.

Si en cualquiera de estos casos tuvieras **a algún estudiante descolgado**, fuera de todo grupo, el propio sistema te alertaría de que: «*...los usuarios DEBEN SER miembros de al menos un grupo para poder tener evaluación por pares...*» y te añade debajo otra advertencia con el listado concreto de estudiantes que se estarían quedando fuera del bombo.

La siguiente opción, ***Número de evaluaciones***', nos invita a seleccionar la cantidad de envíos que se le van a asignar como mínimo a cada uno de los participantes o bien, al revés, el número de participantes que debería revisar cada entrega.

Observa cómo el desplegable 'número' de asignaciones incluye la opción 'cero' a priori inservible, pero que, muy al contrario, nos permite algo importantísimo: resetear todas las asignaciones para, por ejemplo, repetir el proceso de nuevo cuando lo necesitemos. Para ello bastaría con combinarla con *Eliminar asignaciones actuales*.

Respecto a '**Eliminar asignaciones actuales**'. Este tranquilizador apartado nos recuerda que sólo si así lo deseamos los cambios que estemos introduciendo modificarán los emparejamientos ya establecidos. Con lo cual, podemos seguir haciendo las pruebas que queramos que los nuevos cruces sólo se añadirán a los ya existentes. Y cuando queramos hacer borrón y cuenta nueva y establecer emparejamientos de nuevo desde cero bastará con activarlo junto a '**0 por evaluador**'.

La consecuencia de esta importantísima opción es que podríamos seguir generando asignaciones aleatorias **con la fase de evaluación ya en marcha** o incluso tras reabrir un taller ya cerrado o calificado. Es decir, Moodle nos está dando la tranquilidad de que todo este trabajo que afecta a tantas personas (puede haber ya estudiantes evaluando a compañeros o incluso que hayamos terminado de calificar todo el taller) queda a buen recaudo y podemos seguir estableciendo nuevas asignaciones que sólo se van a superponer a los cruces anteriores, sin pisarlos.

¿Y si mis estudiantes ya han comenzado a evaluarse entre sí y yo retorno a esta pantalla de asignaciones...? ¿Podría borrar por error ese trabajo, esas evaluaciones ya realizadas por ellos, si elimino asignaciones? Felizmente la respuesta es 'no'. Tras haber revisado trabajos ajenos en la siguiente fase, esas calificaciones tanto por la entrega como por las respectivas evaluaciones **quedan guardadas**. Lo que sí será posible es borrarlas, manualmente una a una, desde el panel de control si así lo deseamos, pero podemos estar tranquilos que no existe el peligro de un borrado en bloque por error de evaluaciones ya realizadas por mucho que jugásemos con este epígrafe de 'asignación de envíos'. Los cruces que sí podríamos borrar serían aquellos otros sin completar, es decir, que todavía no hubiesen cuajado en una evaluación (y que verás que se te mostrarán temporalmente en color rojo), pero no perderemos por error esos avances realizados por los estudiantes.

Finalmente, las implicaciones de las dos últimas opciones ya las hemos comentado más arriba. Recuerda que «***Los participantes pueden evaluar sin haber enviado nada***» es una muy buena opción para reenganchar a la actividad a los rezagados pero que **mermará enormemente el porcentaje de participación en la siguiente fase**, ya que es muy posible que también incumplan esta otra mitad de la tarea

Por ello, si quieres garantizar por ejemplo siete evaluaciones por cada trabajo deberás plantearte partir de una cifra mayor (por ejemplo, 10) ya que quizás un treinta por ciento de los participantes no cumplirá con ella. En el caso de mi asignatura ésa es la proporción de estudiantes incumplidores en los ejercicios optativos que realizamos durante el curso. Pero a continuación te indico una solución algo más elaborada que fui descubriendo con la práctica.

**Un consejo si vas a mezclar a evaluadores que entregaron con otros que no:**

Si junto en este bombo de las asignaciones aleatorias tanto a estudiantes previsiblemente cumplidores (los puntuales, que ya entregaron su trabajo y apuntan buenas maneras) como a aquellos otros más remolones (quienes no lo entregaron es bastante posible que tampoco completen esta segunda fase) va a ocurrir que por efecto del azar a algunos ejercicios les toquen más estudiantes cumplidores —y con ello más evaluaciones completadas y una nota más 'justa'— y a otros menos —y por lo tanto, con el efecto contrario—. Personalmente yo intenté luchar contra esta imprevisible circunstancia añadiendo más trabajo de revisión (en lugar de, por ejemplo, 7 asignaciones, subir a 10) para mitigar ese efecto del azar, hasta que caí en la cuenta de que podía solucionarlo de otra forma, mediante una asignación **en dos tiempos**:

En primer lugar realizo una asignación aleatoria de **7** evaluaciones **por envío** exclusivamente entre los cumplidores (es decir, desactivo la casilla «*Los participantes pueden evaluar sin haber enviado nada*»). De esta forma maximizo las probabilidades de que todos y cada uno de los trabajos entregados puedan recibir la revisión de siete compañeros cumplidores.

Y a continuación realizo una segunda asignación aleatoria incluyendo también a los estudiantes que no entregaron nada (activo la casilla) en este caso de **7** evaluaciones **por revisor** respetando las asignaciones anteriores (desactivado «*Eliminar asignaciones actuales*»).

Al pulsar en *Guardar cambios* el sistema se va a ver obligado a asignarles siete trabajos a cada uno de estos estudiantes que no entraron en el primer bombo, con lo cual sus asignaciones van a ser **un añadido a las otras siete** que ya tenía cada ejercicio.

Si lo pruebas podrás observar cómo el resultado final es que todos los participantes tienen una carga equitativa de trabajo (todos tienen 7 trabajos asignados para evaluar) sin embargo cada ejercicio tendrá una cifra variable de evaluadores —y esto no nos preocupa tanto— conformada por siete jurados 'cumplidores' y, además, algunos de esos otros estudiantes, recién llegados, y que probablemente ni evalúen.

Finalmente, respecto a '*Agregar autoevaluaciones*'; si lo activamos el sistema le asignará a cada participante que entregase su tarea un trabajo más además de esos siete, el suyo, para que lo evalúe como octavo. De hecho, les aparecerá **en último lugar**. Y a quienes no entregaron, no.

Por ejemplo, si estabas pensando en configurar el taller exclusivamente **como un ejercicio de autoevaluación**, indica 'CERO' asignaciones por revisor y a continuación activa la autoevaluación. Verás cómo cada uno recibirá exclusivamente el suyo.

Por último, todas las especificaciones indicadas desplegarán sus efectos cuando pulsemos sobre *Guardar cambios*. Tras unos segundos se nos mostrarán en pantalla sobre fondo verde los cruces, que sólo incluirán a los ejercicios que estuvieran ya enviados y a los usuarios computables en ese momento.

**¿Y ese ejercicio suelto que siempre nos entregan fuera de plazo?**

Cualquier nueva entrega que aceptásemos –es decir, participante que aterrizase a partir de este momento– **quedaría momentáneamente sin asignación**, sin poder participar ni activa ni pasivamente en la fase de evaluación, mientras no repitamos alguno de estos procesos de asignación para incluirlo en el bombo.

Pongamos que un estudiante ha llegado tarde y le aceptamos su entrega en mitad de la fase de evaluación, cuando muchos de los demás compañeros ya tienen sus asignaciones y están inmersos en esa tarea (por ejemplo, todos evalúan a siete y viceversa, todas las tareas ya están evaluadas por siete personas). ¿Ahora quién evalúa al recién llegado? Si en *Número de evaluaciones* volvemos a elegir 7 '*por envío*' y pulsamos *Guardar cambios*, este último ejercicio le será asignado para que lo revisen a otras siete personas –que ahora verán su carga ligeramente acrecentada con respecto al resto, ya que a estas siete personas les tocará evaluar un trabajo más, el octavo, y quizás incluso deberíamos avisarlas personalmente, porque ellos creían haber cumplido ya con su obligación y a lo mejor han aparcado este tema, se han desentendido de la práctica que con razón creían finiquitada–.

Pero es que, además, el estudiante remolón todavía no tendrá signados envíos para revisar. Deberemos, a continuación seleccionar de nuevo en *Número de evaluaciones* 7 pero en este caso *Por evaluador*, para que, ahora sí, se le asigne su tarea al estudiante impuntual. De esta forma podrá evaluar a otros siete compañeros –como octavo evaluador de cada uno de ellos–, algo que ya no nos preocupa tanto sino que, al contrario, añadirá más fiabilidad a esos resultados.

Avancemos también que si lo deseamos **después podremos ajustar manualmente** todas estas asignaciones que se van a generar aquí automáticamente cambiando al modo manual cuando lo deseemos.

## Asignación programada:

Este tipo de asignación de cruces es un calco del anterior y de hecho le sirven todos los comentarios que hemos hecho hasta aquí –también es 'aleatorio'– pero con la única y gran diferencia de ser el único que sí permite posponer ese momento de la asignación. Replica en todos sus aspectos a la asignación aleatoria pero dejando planificado ese pulsado final del botón *Guardar cambios* para otro momento. ¿Qué momento? Aquél que habilitamos en *Ajustes* como límite para las entregas. De hecho, si se nos hubiera olvidado hacerlo el sistema nos avisará amablemente que «*No ha sido posible asignar automáticamente los envíos* [ya que] *El taller no tiene fecha límite de entrega programada*».

## Taller La Pirámide de Keops

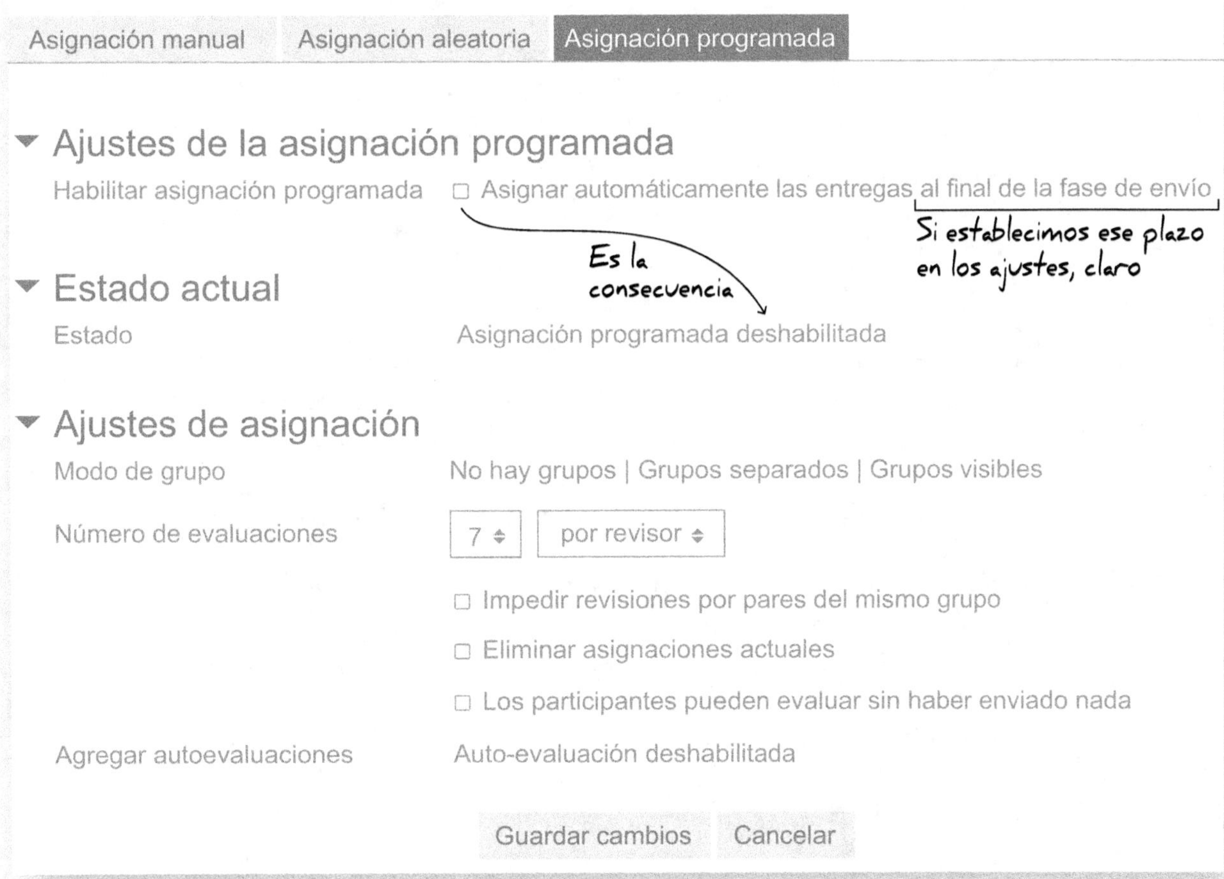


Sabemos que en *Ajustes* podíamos dejar programado también el salto automático desde la fase de *Envío* a la de *Evaluación* mediante aquel botón titulado «*Cambiar a la siguiente fase después de la fecha límite para envíos*». Pues bien, si además de prever ese cambio de fase dejamos también planificado este tipo de asignación *programada* los estudiantes podrán seguir adelante con la actividad sin que tengamos que hacer nada.

En resumen, los ajustes necesarios para que el taller avance de forma **automática** por estas fases intermedia serían los siguientes:

### Cómo automatizar el tránsito entre fases

Desde 'Ajustes', apartado **Disponibilidad**:

1. Habilitamos un plazo (fecha/hora) de comienzo de recepción de entregas, pero, más importante, el de finalización de esos envíos

2. Justo con el siguiente botón «Cambiar a la siguiente fase después de la fecha límite para envíos» activamos esa transición automática

3. A continuación deshabilitamos el plazo de inicio de evaluaciones (fecha/hora)

De esta forma, la fecha límite de envíos funciona automáticamente como arranque de la fase de evaluación. Opcionalmente también podrías imponer aquí el cierre de esta segunda.

Y a continuación, desde el Panel de control, en 'Asignar Envíos'

4. Habilitamos la asignación programada con el botón «Asignar automáticamente las entregas al final de la fase de envío» y también ahí el resto de ajustes que nos interesen.

5. Pulsamos 'Guardar cambios' y esperamos a que que la plataforma nos confirme que la Asignación programada ha quedado efectivamente habilitada.

## Asignación manual

¿Por qué hemos dejado para el final este modo de asignación, cuando su pestaña aparece en primer lugar? A primera vista parece pensado para grupos pequeños o más manejables, en los que el profesor sea capaz de diseñar a su gusto los cruces. Ahora bien, en la práctica su utilidad es mayor como **complemento a los otros dos modos**; aleatorio y programado, para realizar ajustes finos.

El interfaz es intuitivo. En la columna central vemos nombrado a cada uno de los participantes y a cada uno de los dos lados, respectivamente, por quiénes es evaluado y a quienes evalúa él. Podemos ir añadiendo del listado cuantos deseemos o, después de añadidos, ir borrándolos con el icono 'papelera'.

Columna izquierda para añadirle **revisores que le evalúen** ⟶ Columna central: **Participante** ⟶ Columna derecha para añadirle **tareas que evaluar** (aunque incorrectamente las denomine de nuevo 'revisor')

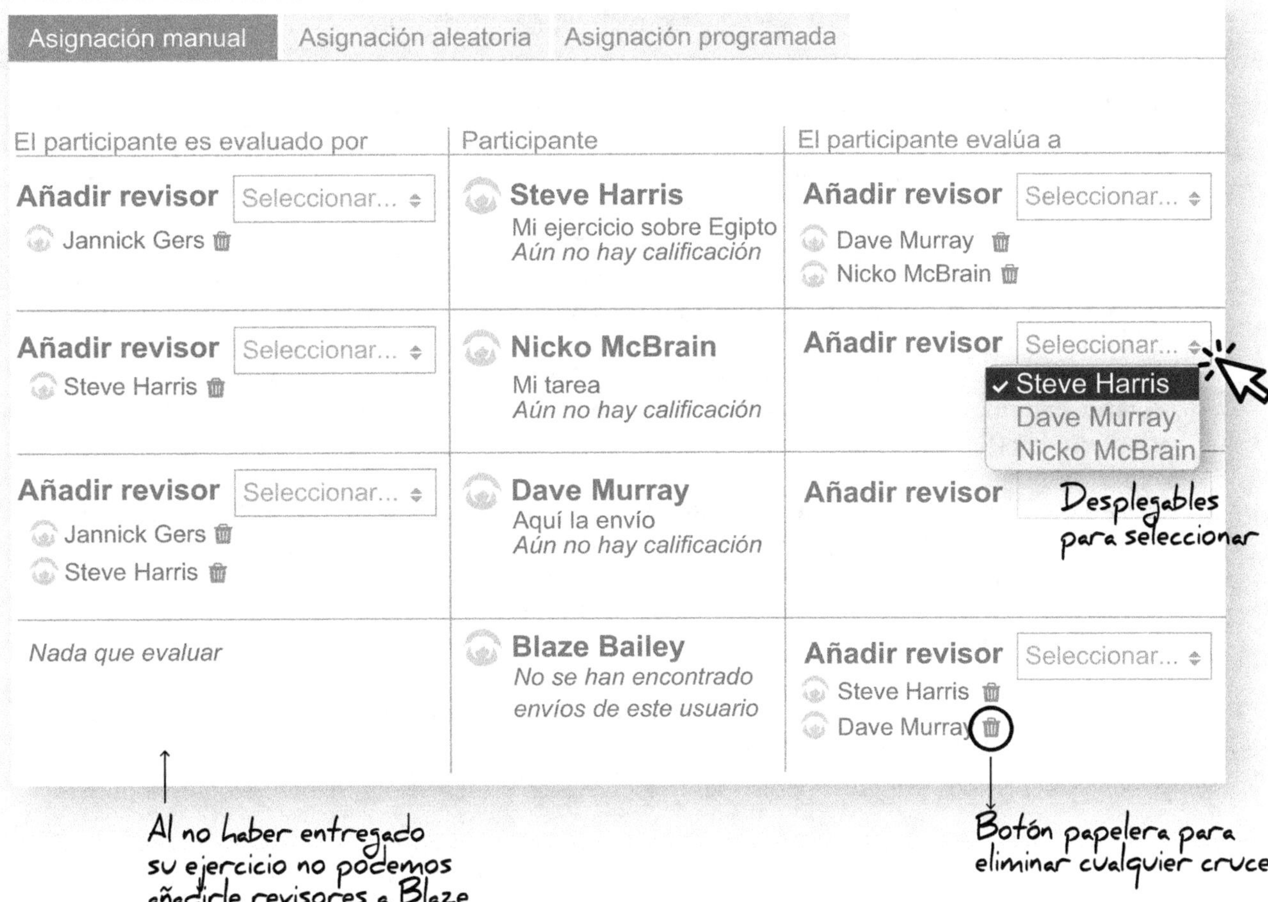

Cada vez que elegimos a un usuario del desplegable la pantalla se actualiza. Aparece la indicación *El envío ha sido asignado exitosamente* y un nuevo nombre queda añadido al último lugar de la lista. No es necesaria una última acción mediante botón de *Guardar*, ausente en esta pantalla, y si queremos eliminar a algún participante basta con pulsar en el icono 'papelera' que acompaña a cada uno y confirmar.

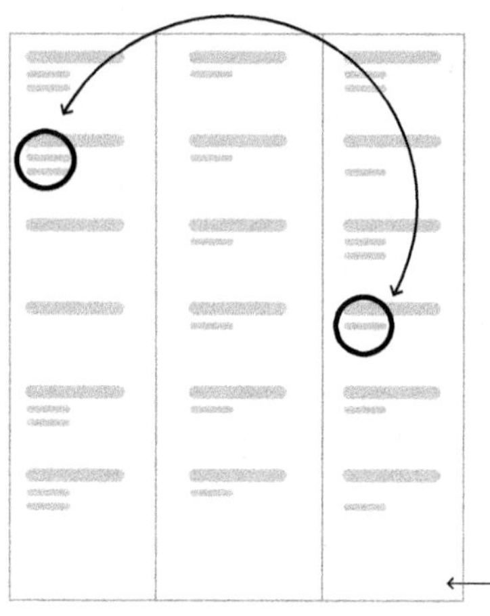

Cada revisión que añadamos o borremos en cualquiera de los dos lados tiene **automáticamente su reflejo también en el otro**, ya que, por lógica, asignar un envío a un evaluador (columna derecha) supone siempre *–viceversa–* asignar un evaluador a un envío (columna izquierda).

No hay botón de 'Guardar'
Las modificaciones son automáticas

La Asignación manual nos permite generar cruces **incluso saltándonos las imposiciones del modo de grupo** que hubiéramos configurado. Así, en un taller en modo *Grupos separados* sólo podremos vincular a participantes de diferentes grupos mediante este método. Ni el aleatorio ni el programado nos lo permitirían.

Además tiene especial utilidad para aquellos casos en que conocemos personalmente a los participantes y deseamos emparejarlos o agruparlos por intereses / nivel de idioma / turno horario, etc. Ahora bien, antes de embarcarte en este laborioso trabajo de orfebrería recuerda que para eso ya existe la figura de los 'grupos'. Para clases muy pequeñas o manejables puede resultar interesante, pero normalmente su utilidad es la de realizar ajustes o refinar los otros dos sistemas.

Finalmente, recordemos que estos sistemas de asignación pueden ser utilizados conjuntamente. Por ejemplo, podría interesarnos primero asignar manualmente a esos cuatro o cinco estudiantes o casos especiales que nos interese y a continuación rellenar el resto de asignaciones mediante el sistema *Aleatorio* para, finalmente volver a manual y hacer los últimos retoques.

Ya estamos listos para pasar a la siguiente fase, *Evaluación*, en la que les devolvemos a los estudiantes todo el protagonismo.

# 4



# Evaluación

**Docentes:**

Los protagonistas vuelven a ser los estudiantes. Como docentes conviene, eso sí, que observemos **qué tal comienza a comportarse la rúbrica**

**Estudiantes:**

Evalúan por fin los ejercicios ajenos. Mientras la fase esté abierta **pueden también volver para rectificar sus evaluaciones**

# 4. Fase de Evaluación

Los estudiantes podrán por fin comenzar a evaluarse entre sí aplicando aquella rúbrica o criterios que establecimos siempre y cuando se den conjuntamente estas tres condiciones:

1. Que hayamos **avanzado el taller a esta fase** de *Evaluación*, bien manualmente pinchando en ella o bien porque así lo programamos en Ajustes (con aquel socorrido *«Cambiar a la siguiente fase después de la fecha límite para envíos»*)

2. Que **no haya un rango de fechas/hora habilitado** en *Ajustes* para el inicio y/o fin de dichas evaluaciones o, de haberlo, que nos encontremos dentro de él.

3. Que les hayamos **asignado cruzadamente alguna tarea** para evaluar, claro, como acabamos de ver en el epígrafe anterior, *Asignación*.

Ojo por tanto a la concatenación de circunstancias que ha de producirse para que nuestros alumnos realmente puedan comenzar con su segunda mitad del trabajo. Aunque pueda parecernos que hemos cumplido con las tres condiciones nunca estará de más corroborar que realmente ello está ocurriendo. Si todo va bien, ellos verán algo así:

Al pasar a fase de Evaluación los **estudiantes** verán esta pantalla:

Su propio envío →

Aquellas 'Instrucciones para la evaluación' que preparamos en Ajustes →

El listado de trabajos que se les han asignado para evaluar →

Botón para comenzar a aplicar la rúbrica con cada uno →

O para **modificar su revisión**, ya que mientras dure esta fase pueden volver y editarla si lo desean →

Si les hemos asignado para evaluar su propio envío (Autoevaluación) éste les aparecerá **en última posición** →

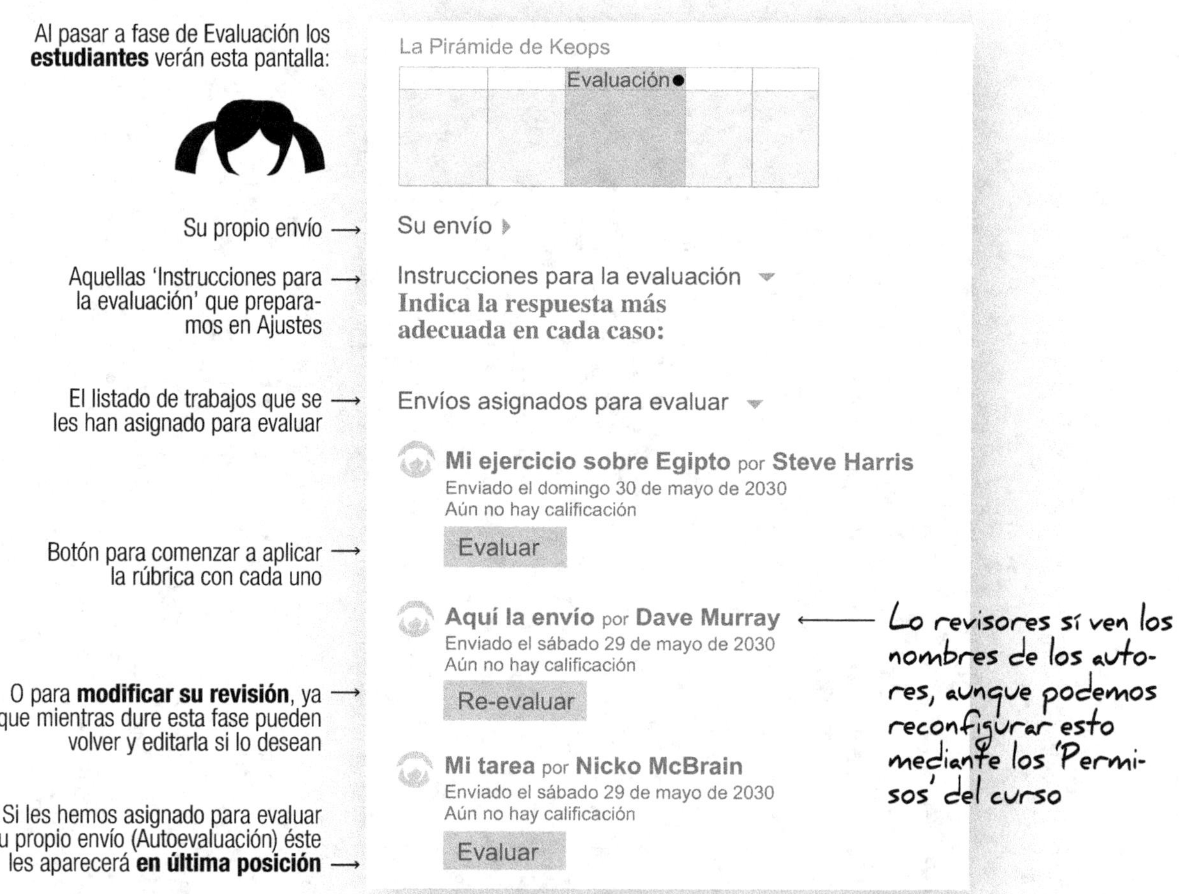


← Lo revisores sí ven los nombres de los autores, aunque podemos reconfigurar esto mediante los 'Permisos' del curso

Los docentes, por el contrario, vemos una pantalla muy diferente, la del Panel de control, que nos va a mostrar ahora en **color rojo** esas asignaciones cruzadas. Irán **cambiando a color negro** a medida que ellos las vayan completando.

Nuevamente, durante esta fase vuelve a ser importantísimo **que fisguemos esas primeras evaluaciones** a medida que vayan llegando porque descubriremos horrorizados que no están aplicando nuestra rúbrica como esperábamos y, en caso de arrepentirnos de cómo la redactamos todavía sería posible detener el proceso, arreglarlo y avisar a los participantes de las posibles modificaciones.

Si es la primera vez que pones en manos de tus estudiantes una rúbrica de evaluación **es posible que te desesperes**. Aunque creamos que sus términos no pueden ser ya más claros, los límites entre categorías no pueden estar mejor delineados y el margen para el error no puede reducirse ya más... ellos te demostrarán que sí, que, oh sorpresa, incluso los aspectos más objetivos –u objetivables– de la evaluación pueden tener diferentes perspectivas.

De hecho, quizás estemos a tiempo de avisarles y que entren de nuevo para volver a evaluar. Si en su momento vimos que durante todo el tiempo que durase la fase de entrega los estudiantes podían volver a entrar y editar su tarea o incluso borrarla, en este caso, durante la fase de revisiones ajenas, también pueden cambiar de opinión y volver a entrar para **reeditar** esos votos cuantas veces deseen –con ese **botón *Re-evaluar*** pero **no así borrar su participación** si ya la guardaron una primera vez.

**¿Saben los estudiantes a quién están evaluando? (y *viceversa*)**

Por defecto Moodle suele venir configurado para que los evaluadores **sí sepan a quién revisan pero no al revés**, es decir, que a los evaluados no se les muestre el nombre de quien les revisó. Las ilustraciones de este libro a partir de aquí están basadas en ese estándar. Puedes comprobar el de tu propio taller desplegando la rueda dentada y clicando en el apartado informativo ***Compruebe los permisos***.

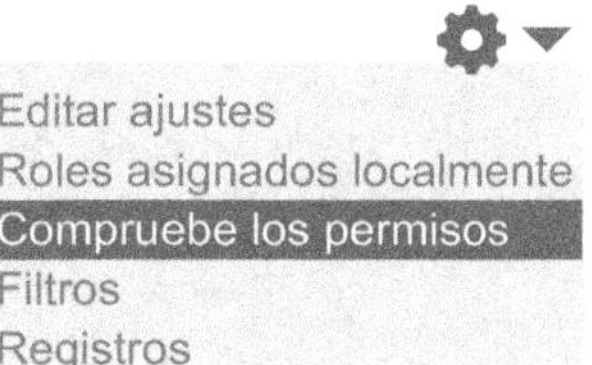


Si lo que deseas es modificarlos deberás configurarlos a nivel de curso, si tienes acceso a los ***Ajustes del curso***, apartado ***Participantes***, epígrafe ***Permisos***. Ahí aparecen los de todas las actividades disponibles, entre ellas el ***Taller***, y podrás ampliar dichos privilegios [Botón '+'] o restringirlos [Botón *Papelera*].

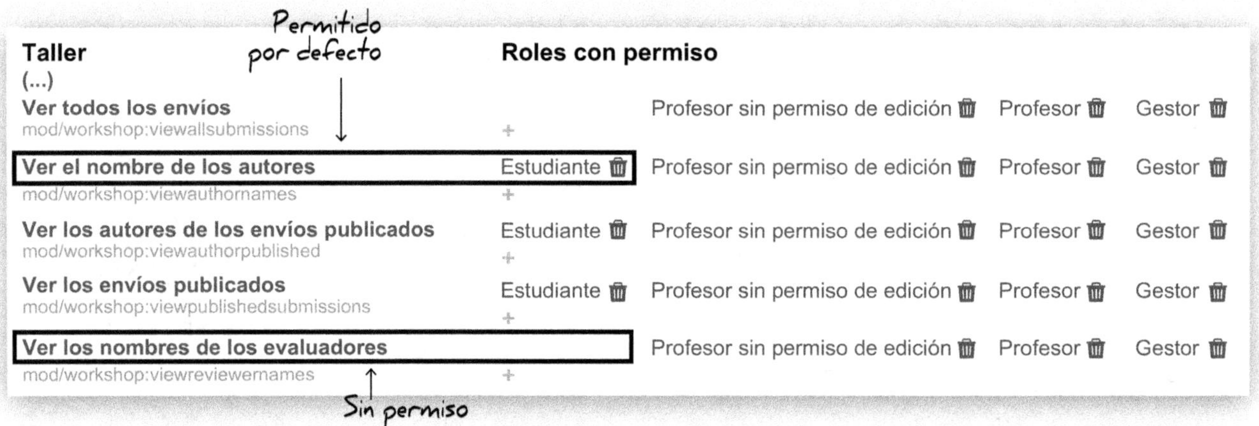


Mi preferencia es mantener **visibles las identidades en ambos casos**. No pretender ponerle puertas al campo. Entre ellos y ellas se conocen –e incluso se reconocen los ejercicios, cuando no incluso los firman por despiste–. Mostrar una transparencia total redunda en la legitimidad del proceso. La estrategia contraria sólo sirve para insinuarles que se podría hacer trampa. Mientras que de esta otra forma conviertes a ese gran enemigo en tu aliado y, de hecho, yo les animo a que se pongan en contacto con los autores y aclaren dudas. Al final ese feedback suele ser precisamente lo que antes tanto echábamos en falta en el proceso de enseñanza y aprendizaje.

Poco más que hacer por nuestra parte durante esta fase. Aquí los protagonistas son ellos. A los profesores nos queda sentarnos a observar con un enorme vértigo intelectual cómo se desarrolla el proceso y qué tal funciona esta máquina de producir conocimiento que hemos programado.

# 5

# Calificación

**Docentes:**
Por fin podremos comprobar los resultados pormenorizados, calcular y recalcular las notas probando con diferentes niveles de exigencia **y supervisar desviaciones**

**Estudiantes:**
Esta fase en que 'cocinamos' los resultados les es totalmente opaca. No tendrán acceso a sus resultados **mientras no** 'cerremos' el taller

# 5. Fase de calificación

Llegamos por fin al nudo gordiano de todo esto: Cómo diantres se convierten a números todas esas coevaluaciones que han llevado a cabo nuestros estudiantes. Porque a excepción del taller de tipo *Comentarios* –que vimos que obvia los números y sirve como mera dinamización de feedback informal entre ellos– lo habitual sí va a ser este output final: dos calificaciones numéricas por cada participante.

En este epígrafe tan peliagudo del libro seguiremos esta secuencia:

1. Aprenderemos a decodificar de un vistazo la abundantísima **información** visual que se nos muestra en pantalla. Descubriremos cómo lo que a primera vista parecería una abrumadora borrachera de datos es en realidad un mapa de ruta tan manejable como imprescindible y desciframos el código que utiliza.

2. Entenderemos qué **cálculos internos** está realizando la plataforma para otorgar notas. Debemos conocer cómo opera la máquina en la que le estamos delegando una de nuestras tareas esenciales como docentes. Si nos atrevemos con unos rudimentos básicos de estadística y no nos dan miedo los números nos sentiremos mucho más seguros a la hora de basarnos en este sistema para aceptar sus calificaciones finales o para proceder a modularlas.

3. Descubriremos cómo podemos controlar, modificar, equilibrar o **reajustar manualmente** dichos resultados. Uno de los pilares de la legitimidad del taller es esa capacidad del profesor para supervisar y reencauzar en todo momento el proceso y donde más brillará esa tarea de tutela es en el control final de las calificaciones.

Vaya por delante la siguiente descarga de responsabilidad hacia Moodle: estos talleres de coevaluación **no se basan tanto en pretender lograr una exactitud total o justicia absoluta** en todas y cada una de las evaluaciones, sino más bien en **tender** hacia un resultado aceptable desde un punto de vista estadístico a base de ampliar el tamaño de la muestra. Es decir, admitiendo que cualquier calificación –tomada individualmente– será siempre una mezcla más o menos impredecible de justicia e injusticias, conocimientos y desconocimientos, arbitrariedades, buena y mala fe, virtudes y defectos de todos y cada uno de los participantes, admitiendo que estamos descentralizando la tan subjetiva tarea de evaluar, nuestra esperanza por obtener unos resultados lo más adecuados posibles se basa en la acumulación de información y la perspectiva de conjunto, más que atender al detalle concreto o pretender solucionar toda la casuística. De ahí que las herramientas que vamos a desgranar a continuación estén pensadas para que el profesor pueda tener **una visión global** de toda la actividad que le permita después seleccionar dónde **invertir su tiempo eficientemente para corregir localmente las posibles desviaciones más graves** o llamativas, ya que sería prácticamente imposible revisar al completo toda la información generada por los participantes en esos cientos de cruces y miles de cálculos que se han necesitado.

## 1. Entender la rejilla de resultados:

Finalizadas las coevaluaciones, cuando pasemos a esta fase de *Calificación*, bajo el panel de control se nos mostrará un larguísimo listado de resultados en seis columnas a lo largo de una única página.

Asegúrate de que efectivamente tu monitor ofrece el espacio suficiente en horizontal para visualizar las seis ya que de lo contrario podrían quedarse fuera las últimas de la derecha, sobre todo en versiones anteriores de Moodle.

Si estirando al máximo la ventana de tu navegador tampoco te es posible lograr que quepan, un último recurso es reducir el tamaño de visualización (Atajo de teclado 'Control +' para ampliar y 'Control -' para reducir. O 'Comando' en el caso de teclados Apple)

< Ana recibe de otros          > Ana otorga a otros

| Nombre/ Apellidos | Envío/ Modificación | Calificaciones **recibidas** | Calificación por el envío (de 10) | Calificaciones **otorgadas** | Calificación de la evaluación (de 10) |
|---|---|---|---|---|---|
| ANA ALONSO | Ahí va mi ejercicio!! Modificado el 5/11/2019... | 9 (-)< BELEN BOVEDA<br>7 (-)< EVA EGUREN<br>7 (-)< SAUL SEIJAS<br>7 (-)< RUBEN RAMOS | - | 5 (-)> EVA EGUREN<br>7 (-)> SAUL SEIJAS<br>3 (-)> BELEN BOVEDA | - |
| EVA EGUREN | Mi tarea Modificado el 5/11/2019... | 9 (-)< RUBEN RAMOS<br>5 (-)< ANA ALONSO<br>6 (-)< SAUL SEIJAS<br>5 (-)< BELEN BOVEDA | - | 7 (-)> ANA ALONSO<br>6 (-)> SAUL SEIJAS<br>3 (-)> BELEN BOVEDA | - |
| RUBEN RAMOS | (No hay envío) | - | - | 7 (-)> SAUL SEIJAS<br>7 (-)> ANA ALONSO<br>9 (-)> EVA EGUREN<br>3 (-)> BELEN BOVEDA | - |
| BELEN BOVEDA | Espero que os guste Modificado el 5/11/2019... | 3 (-)< ANA ALONSO<br>3 (-)< EVA EGUREN<br>SAUL SEIJAS<br>3 (-)< RUBEN RAMOS | - | 9 (-)> ANA ALONSO<br>5 (-)> EVA EGUREN<br>7 (-)> SAUL SEIJAS | - |
| SAUL SEIJAS | Adjunto mi respuesta Modificado el 5/11/2019... | 6 (-)< EVA EGUREN<br>7 (-)< RUBEN RAMOS<br>7 (-)< ANA ALONSO<br>7 (-)< BELEN BÓVEDA | - | 7 (-)> ANA ALONSO<br>6 (-)> EVA EGUREN<br>BELEN BOVEDA | - |

Mostrando 20 items por página  **Cambiar...** ⇕

300
400
500
✓1.000

En la parte inferior podemos modificar la cantidad de líneas que queremos que nos aparezcan por página (los denomina *ítems*) hasta un máximo de 1.000.

Pongamos que tu clase está compuesta por cincuenta estudiantes y cada uno ha de evaluar a otros siete. En ese caso la ristra de resultados medirá la friolera de 350 líneas de texto que podrás recorrer verticalmente agrupadas por bloques de siete en siete. En color negro las coevaluaciones completadas y en color rojo aquellas otras que, aunque asignadas, no se hayan realizado.

Si es la primera vez que accedes a esta fase, las calificaciones estarán aún sin calcular, así que eso será lo primero que haremos. Pulsando sobre ***Recalcular las calificaciones*** el programa obtendrá sendas notas provisionales por cada estudiante: una  por su envío y otra por sus evaluaciones de los demás.

> Aunque el primer desplegable de esta página parece ofrecernos diferentes 'Métodos de evaluación de calificaciones' a elegir, a día de hoy la única opción por defecto es '**Comparación con la mejor evaluación**' –Más adelante desgranamos en qué consiste–. A la vista del desplegable, Moodle parece tener previsto ampliar las opciones en el futuro o permitir a los desarrolladores implementar otros métodos, como por ejemplo 'Comparación con la nota más ponderada' que ofrecen vía www.moodle.org Albert Gasset y David Pinyol Gras para versiones 3.1 a 3.4.

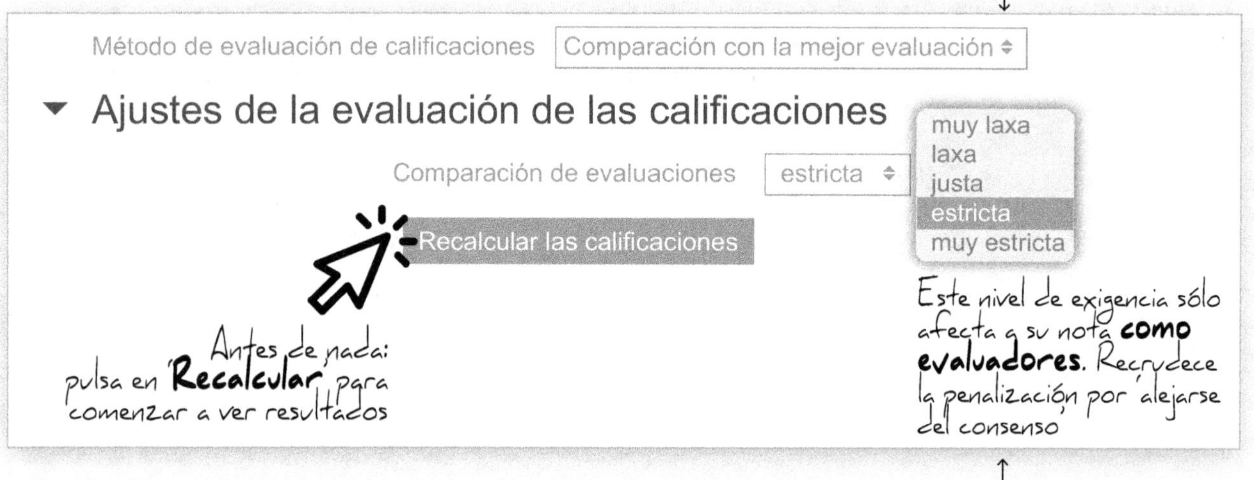


El segundo desplegable nos permite elegir cinco niveles de exigencia en el cálculo de esa nota de los evaluadores, desde *Muy estricta* hasta *Muy laxa* y las intermedias: *Estricta*, *Justa* y *Laxa*.

Elige una cualquiera de las cinco –por ejemplo, *Muy laxa*– y pulsa en *Recalcular las calificaciones*. Si a continuación eliges otra (*Muy estricta*) y recalculas de nuevo verás que los **únicos cambios se darán en la zona derecha** de la pantalla, *Calificación por la evaluación*, ya que esto sólo afecta a la segunda de las dos notas (la de 'evaluador'). Puedes seguir probando con *Justa*, *Laxa* y *Estricta* para observar qué calificaciones obtienen en esa última columna.

Vaya por delante que esta fase de *Calificación* de evaluaciones es totalmente privada. Podemos trabajar sobre ella y probar a recalcular las notas tantas veces como queramos sin que los estudiantes vean aún sus resultados. Esto sólo ocurrirá cuando 'cerremos' el taller al pasar a la siguiente fase. Así que de momento todo lo que va a suceder en este epígrafe **permite que *cocinemos* los datos libremente** mediante una estrategia de prueba y error hasta que estemos satisfechos con el resultado general.

Tras comparar los resultados de las cinco quédate con la que de momento consideres más equilibrada o que mejor refleje el rango de calificaciones que otorgarías tú.

La primera columna nos indica el participante protagonista de cada grupo de datos. Por ejemplo, Ana Alonso en primer lugar. La segunda indica si esa persona ha enviado un ejercicio o no y la fecha de la última modificación. Podemos **acceder directamente a cada entrega** pulsando en su título. En la tercera comienzan las dificultades. Titulada *Calificaciones recibidas*, nos indica una por una –**en negrita**– las notas que le han otorgado cada uno de sus compañeros. Esas cifras viene acompañadas de otra, entre paréntesis, que se refiere a la nota **que ese otro compañero se lleva** por haber calificado así. La primera por tanto se moverá en un determinado rango (por ejemplo, de cero a diez, si así lo establecimos en los ajustes) y la segunda en el rango que fijamos para la evaluación (en el ejemplo de la imagen, de 0 a 10 también).

En la siguiente columna –*Calificación por el envío*– y a un tamaño mayor, la primera calificación total, que es simplemente la **media simple de las recibidas, que aparecían en negrita**. El número de decimales será aquél que en su momento indicamos en los *Ajustes* generales del taller. Todavía podríamos cambiarlo si volvemos allí.

La siguiente columna de datos, *Calificaciones otorgadas*, indica una por una las notas que esta alumna en concreto ha dado a los ejercicios de sus compañeros y junto a cada una, entre paréntesis, la **que se lleva Ana** en cada caso. Por eso aquí la que aparece **en negrita es la segunda**, por ser la referida a esta estudiante en cuestión, Ana, y cuyo total va a cristalizar en la siguiente y última: *Calificación de la evaluación*, la nota total que nuestra protagonista se lleva como evaluadora y que vuelve a ser la media aritmética de todas sus participaciones en esos otros 'tribunales'. Veremos a continuación de dónde salen esos números.



| Nombre/ Apellidos | Envío/ Modificación | Calificaciones recibidas | Calificación por el envío (de 10) | Calificaciones otorgadas | Calificación de la evaluación (de 10) |
|---|---|---|---|---|---|
| ANA ALONSO | Ahí va mi ejercicio!! Modificado el 5/11/2019... | **9** (8,5)< BELEN BOVEDA<br>**7** (5,8)< RUBEN RAMOS<br>**7** (10)< EVA EGUREN<br>**7** (9,1)< SAUL SEIJAS | **7,5** | 5 **(7,6)**> EVA EGUREN<br>7 **(8,2)**> SAUL SEIJAS<br>3 **(6,4)**> BELEN BOVEDA | **7,4** |
| EVA EGUREN | Mi tarea Modificado el 5/11/2019... | **9** (2,3)< RUBEN RAMOS<br>**5** (7,6)< ANA ALONSO<br>**6** (7,5)< SAUL SEIJAS<br>**5** (3,1)< BELEN BOVEDA | 6,3 | 7 **(10)**> ANA ALONSO<br>6 **(10)**> SAUL SEIJAS<br>3 **(10)**> BELEN BOVEDA | 10,0 |
| RUBEN RAMOS | **(No hay envío)** | - | - | 7 **(9,4)**> SAUL SEIJAS<br>7 **(5,8)**> ANA ALONSO<br>9 **(2,3)**> EVA EGUREN<br>3 **(7,7)**> BELEN BOVEDA | 6,3 |
| BELEN BOVEDA | Espero que os guste Modificado el 5/11/2019... | **3** (6,4)< ANA ALONSO<br>**3** (10)< EVA EGUREN<br>SAUL SEIJAS<br>**3** (7,7)< RUBEN RAMOS | 3,0 | 9 **(8,5)**> ANA ALONSO<br>5 **(3,1)**> EVA EGUREN<br>7 **(2,7)**> SAUL SEIJAS | 4,7 |
| SAUL SEIJAS | Adjunto mi respuesta Modificado el 5/11/2019... | **6** (10)< EVA EGUREN<br>**7** (9,4)< RUBEN RAMOS<br>**7** (8,2)< ANA ALONSO<br>**7** (2,7)< BELEN BOVEDA | 6,8 | 7 **(9,1)**> ANA ALONSO<br>6 **(7,5)**> EVA EGUREN<br>BELEN BOVEDA | 8,3 |

Además, cada pareja de números nos aparece en color destacado ya que funcionan como un link clicable que nos permitiría acceder a esa evaluación en concreto y ver desglosado cómo le ha evaluado menganito en cada apartado de la rúbrica.

En el módulo Taller no disponemos de un botón para descargarnos juntas cómodamente **Todas las entregas** como el que sí estamos acostumbrados a ver en el módulo 'Tarea' de Moodle.

Belén es la única que le ha puesto un 9 a Ana. Si quiero saber cómo ha aplicado la rúbrica puedo pulsar en esa evaluación concreta que ha hecho Belén

| Nombre/ Apellidos | Envío/ Modificación | Calificaciones recibidas | Calificación por el envío (de 10) | Calificaciones otorgadas | Calificación de la evaluación (de 10) |
|---|---|---|---|---|---|
| ANA ALONSO | Ahí va mi ejercicio!! Modificado el 5/11/2019... | 9 (8,5)< BELEN BOVEDA<br>7 (5,8)< RUBEN RAMOS<br>7 (10)< EVA EGUREN<br>7 (9,1)< SAUL SEIJAS | 7,5 | 5 (7,6)> EVA EGUREN<br>7 (8,2)> SAUL SEIJAS<br>3 (6,4)> BELEN BOVEDA | 7,4 |

Observa cómo es posible también ordenar toda esta información verticalmente (tanto ascendente como descendentemente) atendiendo a la columna que más nos interese (Nombre, Apellido, Fecha de envío, Fecha de última modificación, Calificación por el envío o Calificación por la evaluación). Así, puede que prefiramos comenzar por analizarlos alfabéticamente, pero quizás nos interese más partir desde 'el mejor trabajo entregado' (o el peor), o desde 'el mejor estudiante evaluando' (o los peores), etc. Elige en cualquier momento cómo quieres ordenar toda la lista **mediante estos triangulitos grises**.

Para este caso que nos ocupa (elegir ese nivel de exigencia en la tarea de evaluar) es muy interesante ordenar las columnas según la *Calificación de la evaluación*, para ver qué notas obtienen los mejores y cuántos hay en esa zona, y viceversa: qué notas sacan los peores y cuántos son. Así podemos ir observando los resultados de los diferentes niveles de exigencia (*Laxa... Justa*, etc.).

## Otros símbolos en la rejilla

La rejilla de resultados puede mostrar, además, arrobas [@], tachones [X] y diferentes colores en las calificaciones. Los explicamos al final de este capítulo. Antes tenemos que ahondar primero en cómo se calculan esas notas y cómo podemos modificarlas.

## 2. Cómo se calculan esas dos notas:

### Calificación *por el envío*

La primera nos debe resultar familiar, ya que la hemos ido construyendo nosotros mismos al diseñar aquel *Formato de evaluación* o *Rúbrica*.

Partiendo de la nota máxima que dejásemos asignada en *Ajustes* (por ejemplo, veinte puntos), después a lo largo de la rúbrica fuimos estableciendo la ponderación relativa de cada criterio –y dentro de cada uno de éstos, la de cada *nivel*–. Ni siquiera tuvimos que preocuparnos de que esos apartados sumasen también veinte puntos. Moodle ya los ajustó proporcionalmente según íbamos introduciendo nuevos o eliminando otros.

Después cada estudiante coevaluó aplicando esa misma rúbrica, que viene a ser una herramienta para facilitar la traducción de sus opiniones a valores numéricos sin que tenga que preocuparse por decidir notas.

Y dado que finalmente la calificación total *por el envío* es, de nuevo, una media aritmética simple de todos esos agregados, podría decirse que lo único que está haciendo Moodle aquí es ahorrarnos el pesado de trabajo de sumar todas las notas de cada subapartado, ponderarlos correctamente y, una por una, ir calculando las medias. Nada nuevo, pues.

Con aquella única excepción que vimos para la estrategia de calificación *Número de errores*, que permitía construir una *Tabla de mapeo de calificaciones* personalizada que modificaba la curva de resultados según nos interesase, en la mayoría de los casos esta *Calificación por el envío* es el *Sota, Caballo, Rey* de cualquier docente que **pasa a limpio las notas** de sus estudiantes.

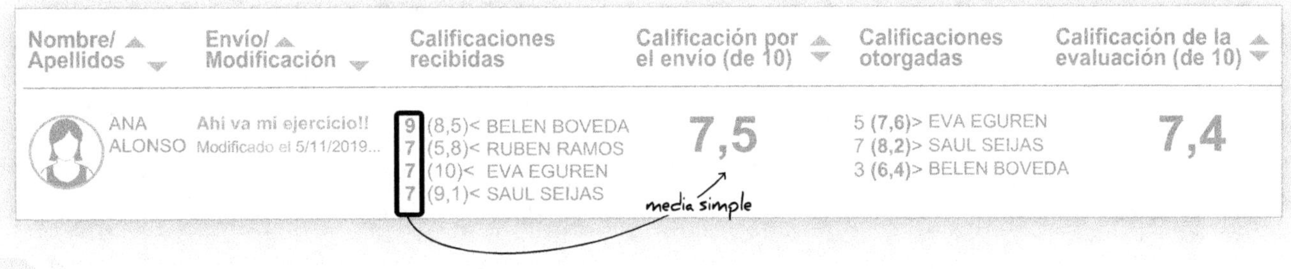


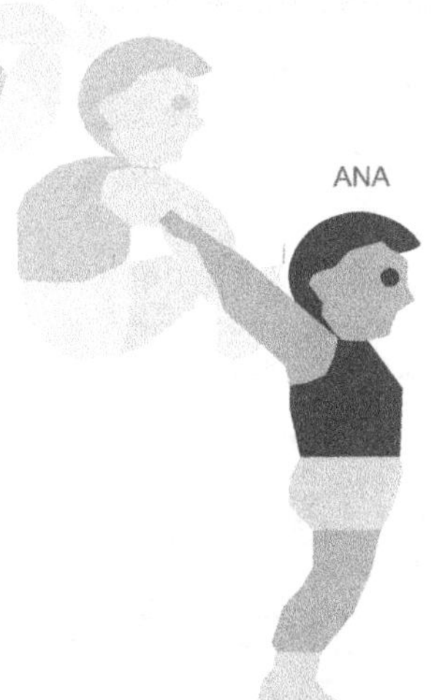

## Calificación *por la evaluación*

Esta otra ya sí algo más laboriosa ¿Cómo hace Moodle para 'juzgar al juzgador'? Veamos cómo se calculan ésas otras calificaciones, que **aparecen entre paréntesis**.

| Nombre/ Apellidos | Envío/ Modificación | Calificaciones recibidas | Calificación por el envío (de 10) | Calificaciones otorgadas | Calificación de la evaluación (de 10) |
|---|---|---|---|---|---|
| ANA ALONSO | Ahí va mi ejercicio!! Modificado el 5/11/2019… | 9 (0,5) <BELEN BOVEDA<br>7 (5,8) <RUBEN RAMOS<br>7 (10) <EVA EGUREN<br>7 (9,1) <SAUL SEIJAS | 7,5 | 5 (7,6) >EVA EGUREN<br>7 (8,2) >SAUL SEIJAS<br>3 (6,4) >BELEN BOVEDA | 7,4 |

*Entre paréntesis, las notas de Belén, Rubén, Eva y Saúl por su participación en este tribunal*

*Y no olvidemos que la propia Ana ha participado en otros tres tribunales (revisando a Eva, Saúl y Belén respectivamente)*

Respuesta breve: Para calificar la labor evaluadora de cada jurado hemos de imaginarlo como copartícipe de un tribunal. Primero Moodle calcula matemáticamente cuál está siendo la nota de 'consenso' de ese grupo de jurados y a continuación va a penalizar a cada integrante **según se alejen más o menos de dicha calificación consensuada**. Independientemente de si está otorgando una nota por encima o debajo de ella, lo que se penaliza es esa diferencia.

*Aunque Eva y Rubén otorgasen la misma nota (sendos 7), Moodle atiende a que ella estuvo acertada en los tres criterios, mientras que él sólo en uno*

¿Pero entonces por qué dos estudiantes que han otorgado a otro la misma nota a un ejercicio —por ejemplo, Rubén y Eva, que le dan a Ana un 7— tienen después diferente calificación por esa evaluación? —Rubén saca un 5,8 mientras que Eva un 10—.

Porque Moodle no realiza estos cálculos sobre esa nota global otorgada, sino atendiendo uno por uno a cada criterio en que vimos que se desglosa la rúbrica. Lo importante no es por tanto ese hipotético 'siete' (global) que pusieron Rubén y Eva, sino el 'cómo' llegaron hasta esa nota. Cómo respondieron en cada criterio.

El ejercicio de Ana fue muy bueno en Originalidad y algo más flojo en Presentación. Aunque los cuatro jurados diesen notas totales muy similares, Moodle atiende a los detalles, por eso no le pasó desapercibido que Rubén estaba siendo un revisor muy flojo.

Y de igual forma, recordemos las **ponderaciones**, y es que en esa nota un criterio podría pesar más que otros, según aquel peso relativo que estableciéramos en cada uno, en cuyo caso también penalizará proporcionalmente más o menos.

De pronto constatamos que el número de cálculos matemáticos que realiza Moodle crece exponencialmente. Por ejemplo, si en un **aula de 50 estudiantes** cada uno evalúa a otros siete compañeros (350 cruces) con una rúbrica de cuatro criterios, tendrá que calcular 1.400 medias y contra cada una de ellas comparar a los siete participantes –9.800 resultados parciales– atendiendo además a sendas 1.400 desviaciones típicas para, a continuación distribuirlas de nuevo entre los estudiantes (a los 50 evaluados, sus medias y a los revisores las medias de sus respectivas siete penalizaciones). Todo eso sin entrar en la ponderación de cada apartado de la rúbrica. Conclusión: A los profesores nos resultaría imposible sentarnos a realizar **esas 10.000 cuentas** –y mucho menos repetirlas cinco veces para ir probando si nos queda más adecuada una estrategia *Laxa*, *Estricta*, *Muy estricta*... si no fuera apoyándonos en métodos asistidos por ordenador, como éste.

Cuando por parte de algún colega docente escucho comentarios del tipo *«...Ah, sí, coevaluación... Eso lo ya lo hago yo en mis clases pasándoles un cuestionario en papel para que revisen los ejercicios de los demás...»* me tengo que morder la lengua. Una coevaluación auténtica y que aspire además a que los pares puedan calificarse entre ellos de forma fiable **sólo puede tener lugar mediante métodos asistidos por ordenador**. Cualquier pretensión de emularlo analógicamente es un loable intento por enseñar mejor, pero no sólo demanda un mayor esfuerzo de organización por parte del docente, sino que acaba dándole un mayor protagonismo calificador como –precisamente– heterocontrolador sobre el proceso, ya que ahora le exigirá supervisar ambas tareas, las de entrega por un lado y las de revisión por otro. Toda una contradicción.

Sigamos matizando nuestra calificación *por la Evaluación*.

Aunque en este ejemplo hemos utilizado ejemplos de calificaciones numéricas –con nuestra ficticia Eva otorgando respectivamente un 10, un 7 y un 5 a cada uno de los tres criterios–, recordemos que en la práctica ella casi nunca va a elegir esos números libremente, sino que se limitará a pinchar sobre la rúbrica del docente, con sus tramos cerrados y sin conocer su puntuación –por ejemplo *'Mal=0'*, *'Regular=3»*, *«Bien=7»* y *«Excelente=10»*–. Pero si Moodle la va a penalizar por su alejamiento del 'consenso' y resulta que ese consenso entre varios evaluadores (la media que le dan) casi siempre va a acabar siendo un valor con decimales, a caballo entre dos opciones (pongamos que 6,75) entonces ¿ningún evaluador tuvo la ocasión realmente de seleccionarlo y realizar la evaluación perfecta porque sus opciones estaban cerradas a sólo esas cuatro: 0, 3, 7 y 10.

Este es el momento de empezar a matizar lo que hasta aquí había sido la respuesta breve, ya que la máquina hila aún más fino:

Moodle parte del cálculo matemático del consenso (pongamos esa media de 6,75 en un determinado criterio, como 'Presentación') pero a continuación flexibiliza el resultado desplazándolo hasta 'la respuesta más cercana a él', que toma como '***mejor evaluación posible***' (en este caso, el Bien '7' sería la más cercana) y a esa es a la que le otorga el pleno. Y con respecto a ésa es como se calculan realmente las diferencias, no con respecto al 6,75.

Por ejemplo, sigamos con esta escala de cuatro niveles establecida por el profesor [0, 3, 7 y 10] desde 'Mal' [cero puntos], 'Regular' [tres], 'Bien' [siete] y finalmente 'Excelente' [diez]. Si de los miembros de un jurado ficticio –que pongamos que fuesen siete estudiantes– cuatro otorgan un 'Bien' y los otros tres un 'Excelente', la nota de consenso, la media, estaría en un lugar intermedio entre el siete y el diez, concretamente en el 8,3 (por ser un total de 58 puntos dividido entre 7 jurados), en este caso ligeramente más cerca del siete ('Bien') que del diez ('Excelente') con lo que considera que la *Mejor evaluación posible* era 'Bien'. Luego ya no aquel 8,3 del 'consenso' medio, sino la que más se acerca a ella de entre esas cuatro opciones acotadas de que los evaluadores disponían para elegir en la rúbrica cerrada. Por eso les da a esos cuatro usuarios un pleno, por haber evaluado lo más cercanamente que buenamente podían atinar de entre las opciones cerradas que se les ofrecieron. Y a continuación compara la nota otorgada por los otros tres evaluadores contra esta 'mejor posible' para penalizarles por la diferencia.

## ¿Qué margen de elección tiene el revisor para otorgar nota?

Según los cuatro tipos de taller. Ejemplos de 0 a 10

Por lo tanto sí es posible obtener notas de 'pleno' y, de hecho, suele ser más habitual de lo que a veces desearíamos.

Porque, ¿qué sucede si hay empate o esa nota de consenso está exactamente en la mitad, a la misma distancia, de dos opciones diferentes? Si por ejemplo hay ocho evaluadores repartidos por igual: dos otorgan un 'Mal', otros dos un 'Regular', otros dos un 'Bien' y los últimos dos un 'Excelente' la media sería de exactamente 5, equidistante de 'Regular' y de 'Bien' con lo que Moodle considera, salomónicamente, que esos cuatro estudiantes de la zona intermedia tienen sendas 'mejores evaluaciones' posibles. Opta por lo más favorable al alumnado, que es **considerar como 'mejores evaluaciones posibles' a ambas y les da el pleno** tanto a unos como a otros.

Suele ocurrir que la nota de consenso (media) esté justo a caballo entre otras dos. Ante esa tesitura Moodle considera a ambas como 'la mejor evaluación posible'.

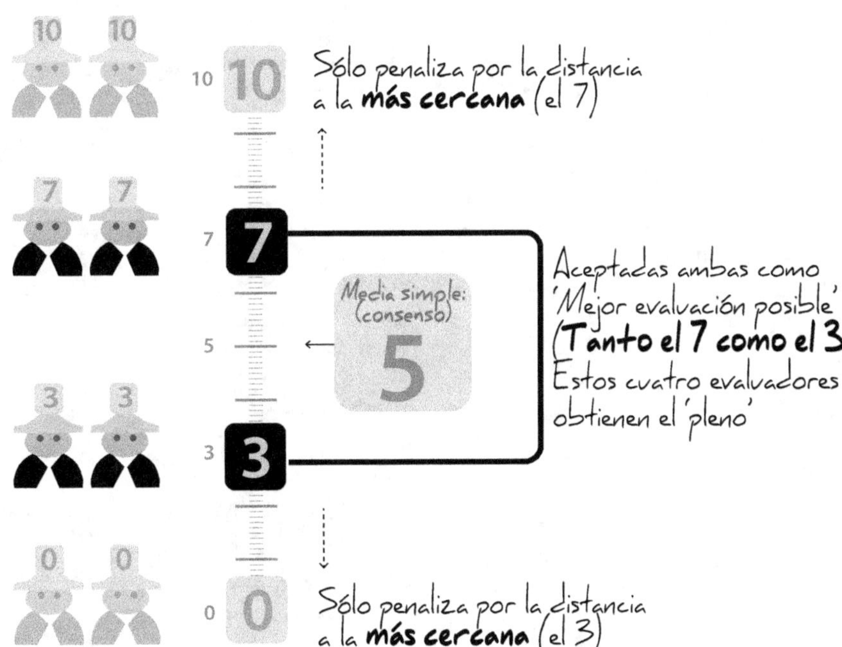


Y de la misma manera, a la hora de calcular cuánto se han alejado respectivamente los otros cuatro evaluadores, los de los extremos, —esa distancia con la mejor evaluación posible— opta por beneficiarles al comparársela **con la que les quede más cerca respectivamente a cada uno**. A los dos evaluadores que otorgaron un 'Excelente' [10] sólo les penalizará por alejarse ligeramente del 'Bien' [7] por ser la 'Mejor evaluación' que les queda más cercana y lo mismo por abajo a los otros dos evaluadores, que otorgaron un 'Mal' [0], sólo les penalizará por su distancia hasta el 'Regular' [3], que es la que les queda más cerca.

Pasa lo mismo en caso de empates, si por ejemplo se generan dos bloques equidistantes: pongamos que la mitad de los ocho evaluadores hubiesen optado por una misma nota y los otros cuatro por otra —cualquiera—, automáticamente todos ellos, los ocho, tendrían un 'pleno' como evaluadores en ese criterio por estar a la misma distancia de la media.

## Así funciona la curva de exigencia

Cuando elegimos uno de esos cinco niveles, desde *Muy laxa* hasta *Muy estricta,* estamos graduando las penalizaciones **a los revisores**. En este ejemplo ficticio once evaluadores han otorgado notas totalmente dispares a Ana —desde cero hasta diez, todas las posibilidades— por lo que su media es un cinco. Ese '5' de Ana no cambia, pero veamos qué sucede con la que recibe cada uno de ellos por su evaluación:

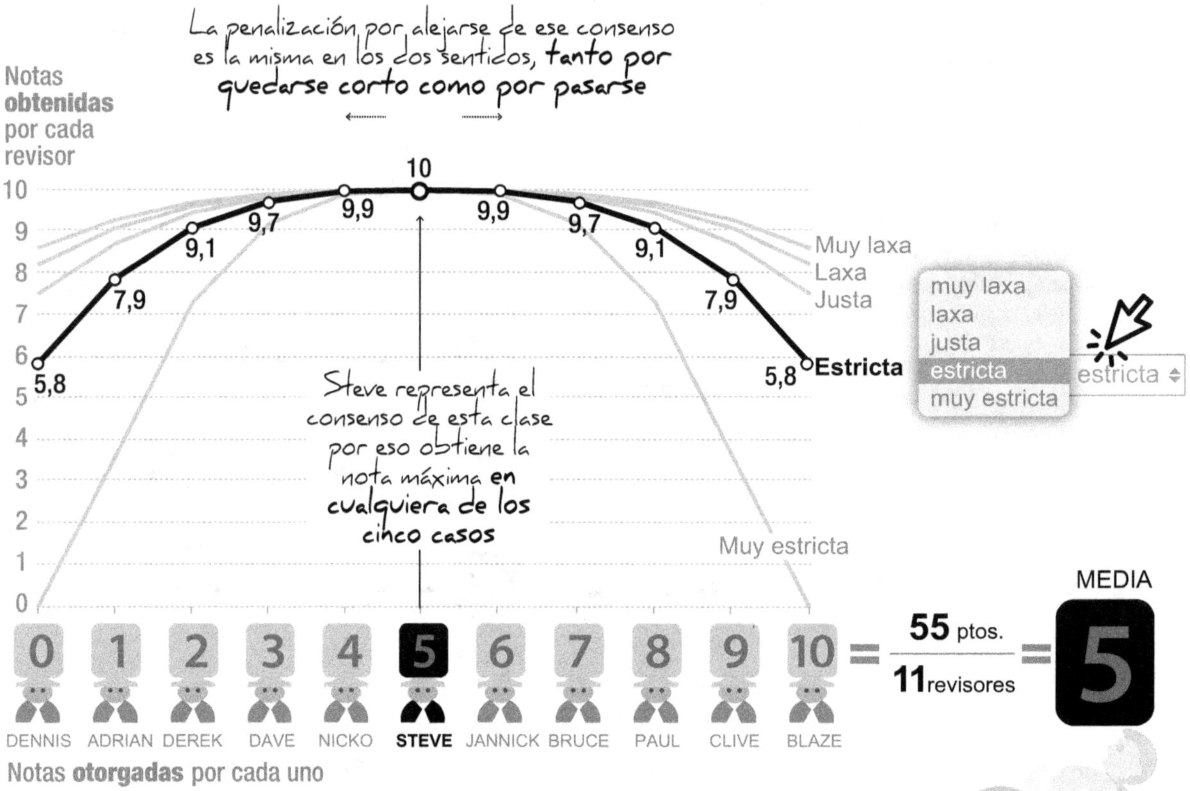

Datos calculados por Moodle para una rúbrica de un único criterio y calificaciones de 0 a 10 **muy dispersas** (poca unanimidad en el jurado)

Además, si la rúbrica contuviera varios criterios Moodle repetiría de nuevo este mismo cálculo para cada uno de ellos —y atendiendo también a sus respectivas ponderaciones relativas—.

Por otro lado, cada uno de estos revisores habrá evaluado además de a Ana a otros muchos compañeros, con lo que su *Calificación por la evaluación* final será **la media de las obtenidas** en todas esas participaciones en tribunales.

## Y así influye la unanimidad de ese consenso

Pero Moodle no se limita a comparar al resto contra esa 'mejor evaluación posible', sino que también toma en consideración **cómo es ese consenso**, es decir, la dispersión de esos datos. Cuando la desviación típica era alta (como ocurría en el ejemplo anterior, donde los once jurados otorgaban notas dispares) penalizaba menos alejarse. Veamos ahora cómo cambia la cosa **cuando hay mayor unanimidad** entre revisores.

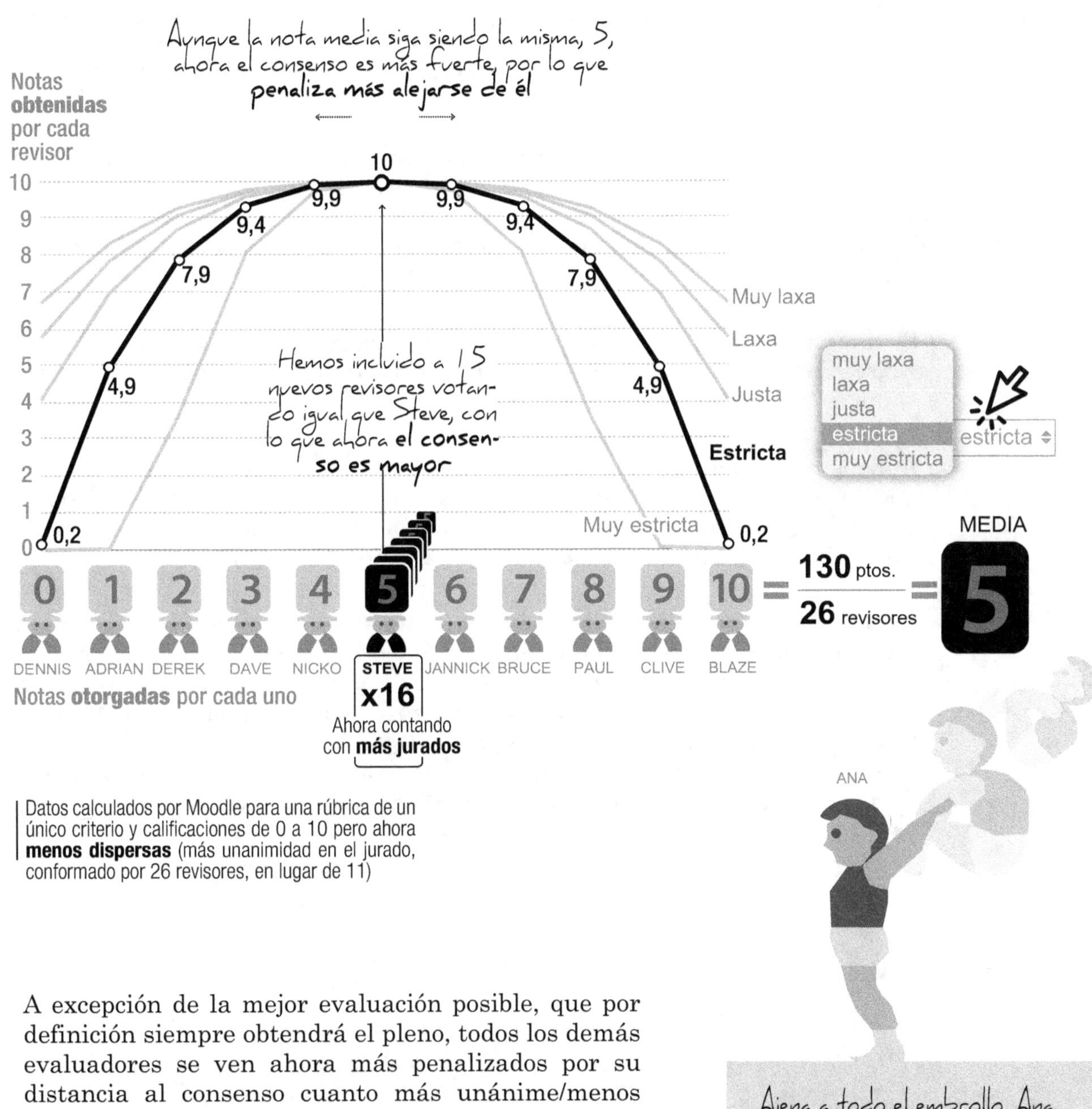


Datos calculados por Moodle para una rúbrica de un único criterio y calificaciones de 0 a 10 pero ahora **menos dispersas** (más unanimidad en el jurado, conformado por 26 revisores, en lugar de 11)

A excepción de la mejor evaluación posible, que por definición siempre obtendrá el pleno, todos los demás evaluadores se ven ahora más penalizados por su distancia al consenso cuanto más unánime/menos disperso sea éste. Se diría que **la nueva curva 'Estricta' de esta página equivaldría a la 'Muy estricta' de la anterior**, para valores dispersos.

¿Entonces tiene poco sentido asignar sólo dos evaluadores por envío?

Eso es. De hecho, desde el punto de vista de la *Calificación por la evaluación* **no tiene ninguno**. Por definición, si sólo hay dos evaluaciones y hacemos la media aritmética entre ambas, siempre estarán las dos a la misma distancia –igual de alejadas– de esa media. Así que siempre obtendrán ese 'pleno'. Pierde cualquier eficacia discriminatoria. Sólo servirá, claro, para puntuar el envío del otro estudiante, pero no tiene ninguna utilidad como instrumento para evaluar a los evaluadores.

Por ello, si decides asignar sólo dos evaluadores por envío, entonces **cualquier calificación que otorgues por este esfuerzo va a ser un 'diez' de regalo para todos los participantes**. Siendo consciente de ello quizás decidas que te conviene indicar 'cero puntos' por esta labor en los ajustes principales y que el 100% de la nota de cada estudiante provenga exclusivamente del Envío.

Nótese que aunque asignes tres evaluadores a cada envío basta con que uno de ellos no cumpla con su tarea para que, de nuevo, los otros dos se lleven el pleno.

De lo visto hasta aquí se deducen algunas **conclusiones prácticas** a la hora de configurar un taller:

- El número mínimo de evaluadores válido si vas a otorgar puntos por la evaluación es de **tres**, pero **cuantos más asignes más fiables** serán también los resultados.

- Aunque no podemos evitar que se den empates dentro del jurado sí es posible adoptar pequeñas estrategias para, al menos, reducir ligeramente las posibilidades de que se produzcan– como por ejemplo asignar un número **impar** de evaluadores por envío (o par, si añades el de autoevaluación).

- Otra es diseñar rúbricas con valores que al sumarse eviten resultados que sean múltiplos unos de otros. ¿Por qué no elegir números **primos** siempre que nos resulte posible? Por ejemplo si estabas pensando en establecer cuatro niveles en esta secuencia progresiva: 0/3/6/12, podrías sustituirla por ejemplo por esta otra 0/3/7/13, que mantiene unos tramos casi proporcionales a los anteriores pero que, si te fijas, dificulta que en sus diferentes combinaciones se produzcan medias aritméticas equidistantes a dos cualesquiera de los límites.

## 3. Supervisar y modificar calificaciones:

Esta fase de supervisión es la que a ninguno nos gustaría tener que realizar. De hecho, si se diera el caso de que todas tus instrucciones para el envío y tu rúbrica de evaluación hubieran sido claras y no se hubiesen producido malentendidos y además todos los participantes fuesen lo suficientemente maduros, y ecuánimes –sin intereses personales en inflar su nota, o la de los demás, o en reducírsela entre sí...–. Si todas esas circunstancias se dieran juntas esta fase de supervisión estaría de sobra. (Bueno, y hasta el propio profesor casi estaría de sobra también). Pero seamos realistas, esa hipotética e idílica armonía no se va a producir jamás. En la práctica siempre va a ser tristemente imprescindible **una pizca de labor de policía a partir de aquí**.

El todopoderoso docente tendrá que bajar del Cielo e intervenir de varias formas con su Mano Divina para reconducir las posibles injusticias o desviaciones provocadas por la coevaluación entre pares.

Vamos a ver cómo es posible:

1. Irrumpir en aquellos tribunales en los que consideremos que se están produciendo evaluaciones injustas para **aportar nuestra propia opinión vinculante**
2. Retocar **calificaciones recibidas** *Por la evaluación* o incluso **calificarlas directamente** de forma manual
3. **Ponderar** al alza a los mejores evaluadores –o eliminar a los peores–
4. **Suprimir envíos** problemáticos

Ahora bien, dado que la coevaluación mediante Moodle supone implicar a gran cantidad de sujetos y en una serie de cruces y combinaciones múltiples, llegados a este punto el número de variables posibles es tan elevado que resultaría **imposible una supervisión total** –ni siquiera mínimamente detallada– de todo el proceso.

Por ello, casi tan importante como saber cómo se rectifican y modifican resultados o calificaciones manualmente va a ser aprender a detectar primero las posibles desviaciones más flagrantes o generales, es decir, optimizar nuestro tiempo dedicado a la supervisión –que es limitado– fijándonos en la imagen de conjunto, centrarnos en las mejoras que podamos realizar de forma sistemática o más global, y dejar para un segundo repaso los casos aislados.

Además, si estás familiarizado con el **Libro de Calificaciones** de Moodle ya sabes que también es posible reescribir manualmente cualquier calificación de un estudiante por otra o excluirla del cómputo total del curso. Ahora bien, usemos **ese método sólo como último recurso**, ya que aunque sería muy rápido y cómodo para nosotros no estaríamos anulando los otros efectos colaterales que esa evaluación haya podido producir también en las notas de otros estudiantes, por lo que es recomendable corregirla antes, en origen, en lugar de en su destino.

Tendremos que renunciar a abarcar toda la casuística posible y sacrificar los detalles. De ahí que vayamos a explicar también estos métodos de supervisión de más general a más particular. Siguiendo el mismo orden en que convendría aplicarlos.

## Los bloques negros y rojos

Con una primera revisión visual vamos a mitigar posibles injusticias derivadas de este sistema de medias aritméticas simples. Recordemos que tanto la nota recibida por el envío como la recibida por evaluar se basa en la media de otras, **aunque se tratase de sólo UNA**.

Empecemos por la zona **izquierda: columna de *Calificaciones recibidas***. Es muy habitual que nos encontremos con asignaciones tanto en color negro (completadas) como rojo (incompletas). Significa simplemente que de los —pongamos que nueve— jurados que debían haber evaluado la entrega de un participante alguno ha fallado. Aquí **no es culpa del evaluado** que otra persona no cumpla con su deber. Estemos atentos simplemente por si esa ausencia reiterada de jurados desvirtuase el resultado. Si de esos nueve revisores que preveíamos la cifra baja a cinco aún podríamos conformarnos, pero y si desciende aún más —¿3?— quizás tengamos que plantearnos aterrizar nosotros como evaluador suplente tanto para reajustar la calificación que se merece esa tarea como también —ojo— para equilibrar la de los propios evaluadores. En breve veremos cómo.

Sabemos que si se reduce la cifra de evaluadores la calificación se desvirtúa rápidamente. Pero, además, si una entrega es evaluada **por sólo DOS personas** automáticamente ambas recibirían un diez como evaluador, por dispares o injustos que fueran sus criterios.

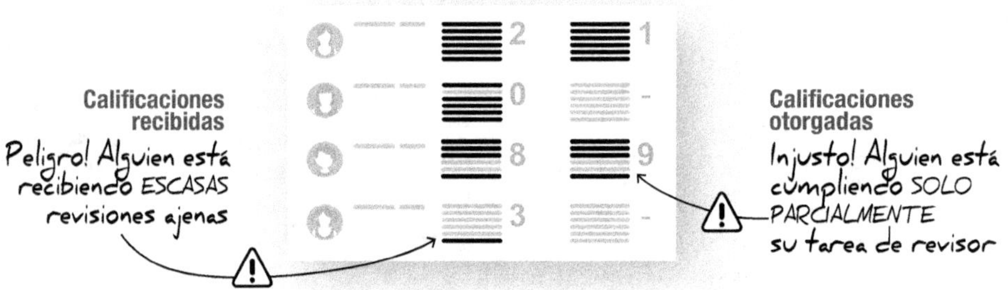


Por el contrario, en la **zona derecha**, columna de *Calificaciones otorgadas*. Lo habitual debería ser que cada estudiante, una de dos: **o bien haya evaluado todos** los envíos que se le asignaron —vemos sus filas de texto en color negro, con lo que su nota será la media de las obtenidas como evaluador— **o bien no haya revisado ninguno** —las vemos de texto en rojo, en cuyo caso obtiene un cero en esta parte del ejercicio—. Estos dos casos no generan problema. ¿Pero qué pasa si alguien sólo ha completado parcialmente sus obligaciones y no ha evaluado a todos, o, peor aún, lo ha hecho sólo con uno? Pues que, recordemos, al sistema le pasaría desapercibido, porque realiza la media simple y si hubiera evaluado sólo a uno se llevaría directamente y sin casi esfuerzo esa única nota obtenida como evaluador (¿quizás un pleno?). Y **a pesar de haberse saltado a la torera el resto de sus obligaciones**. En breve veremos cómo retocarles la nota para que obtengan la que realmente se merecen.

A la derecha debería cumplirse que todas las asignaciones aparezcan **completadas** (en negro, los que sí han evaluado a los demás) **o incompletas** (en rojo, porque no hayan realizado esta segunda parte del ejercicio)

Un repaso rápido en vertical nos servirá para detectar estas anomalías. Lo que buscamos es que cada bloque esté formado homogéneamente bien por un único color: bien texto negro por ser cruces completados o bien texto en color rojo (asignaciones que se han quedado sin evaluar, ya por desidia de los participantes, ya porque se les cerró el plazo antes de terminar, etc.) y que no tienen nota. Pero al resto de casos, con colores mixtos, les meteremos mano pronto.

## Revisores peores, mejores y pasotas

El segundo paso es ordenar la última columna, *Calificación de la evaluación*, de menor a mayor –o sea, de peor a mejor nota– y automáticamente destacarán en la zona superior de la clasificación aquellos revisores que estén evaluando a sus compañeros alejándose más del consenso. Ello puede deberse a factores tan diversos como el desconocimiento, la mala fe, la falta de tiempo, una malinterpretación de las instrucciones o incluso, a veces, al contrario, un exceso de conocimiento –por tratarse simplemente de estudiantes que han evaluado 'diferente' que sus compañeros o al menos alejándose del consenso y quizás con razón–.

Y en la zona inferior, al contrario, aquellos otros estudiantes que están evaluando especialmente bien a sus colegas. Así de simple. Aquí la casuística se reduce a, sencillamente, **los que mejor lo han hecho**. Al menos mi experiencia, tras haber completado múltiples talleres, es que este resultado **es el más fiable de todos con diferencia**.

Una vez localizados ambos grupos en los extremos, en breve veremos qué rápido podemos usar esa información para mejorar el resultado global.

Caso aparte son aquellos otros estudiantes –pasotas– que se pudieran haber limitado a rellenar rúbricas de un modo sistemático e irrespetuoso (todo dieces, todo cincos, todo ceros...) y que podrían pasar desapercibidos por estar desperdigados en cualquier zona de la clasificación. Con un repaso rápido a sus notas otorgadas –las cifras **fuera del paréntesis**– buscaremos estos patrones anómalos que les delatarán.

Veremos también cómo rastrear otras desviaciones más sutiles, pero primero vamos a aprender a corregir éstas, ya que el método será similar después para todas.

## Modificación de calificaciones:

Veo que Belén no sólo entregó un ejercicio pobre –nota, 3– , sino que ahora, peor aún, sospecho que también parece haberse tomado a chirigota la evaluación de sus pares –nota 2,1– así que voy a analizar la que ha hecho del ejercicio de Saúl por si no fuese todo lo correcta que debiera. Al pulsar en la calificación –esos números actúan como links– accedemos a una **pantalla como la inferior**.

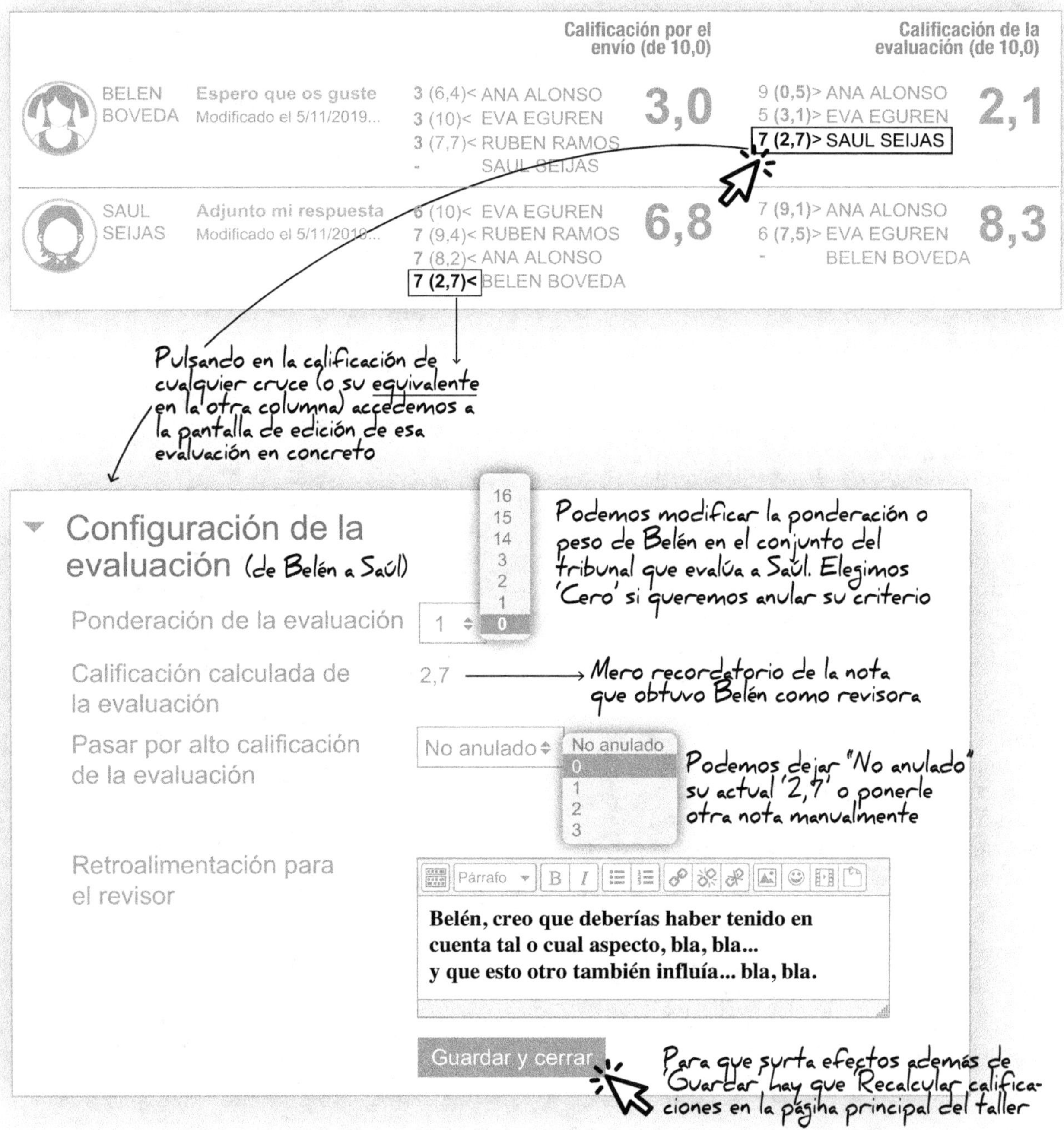

En ella, y bajo el título *Envío evaluado* nos aparece, en primer lugar, la entrega –con ese *Título* que le ha asignado libremente el autor a su envío, autor, fecha y hora–. En segundo lugar, la evaluación realizada por su compañera. Nombre de la evaluadora y nota total. La *Rúbrica* completa, criterio a criterio, tal y como la rellenó su revisora. Y, finalmente, bajo el título **Configuración de la evaluación**, [Ilustración anterior] nuestra ocasión para meter mano en este desaguisado con las siguientes opciones:

**Ponderación de la evaluación**: se refiere a cuánto peso en el tribunal debería tener esta jurado en concreto. Por defecto, 'uno'. Si por ejemplo son siete las personas que han evaluado esta entrega, en principio todas tienen el mismo peso en la nota media final otorgada al ejercicio (una séptima parte) pero si consideramos que este evaluador no está juzgando correctamente y sería más justo obviar su evaluación podremos reducir su ponderación a 'cero', con lo que ahora la nota media final del ejercicio entregado por esa otra persona se calculará computando sólo a los otros seis.

Y si, por el contrario, esta evaluación nos pareciera tan correcta que debería ser el patrón a seguir por todos los demás jurados, podemos, al revés, sobreponderarla al doble, el triple, cuádruple... (hasta un máximo de x16, con lo que la nueva nota media total se computaría como si hubiese 22 personas evaluando –en lugar de aquellas siete–, ya que ahora esta jurado pesaría ni más ni menos que como 16) y los otros seis como uno cada uno. Nuevamente, esta decisión también alteraría la nota del ejercicio evaluado.

Ojo: esta ponderación siempre hace referencia **a la evaluación en su conjunto**, (todos los criterios de la rúbrica en cuestión) por lo que si vamos a elevar la ponderación de un evaluador deberemos ser cuidadosos y estar seguros de que todas sus decisiones han sido efectivamente las correctas y la rúbrica que rellenó -al completo- está perfecta.

**Calificación calculada de la evaluación**: En este apartado sólo se nos informa de la nota que está recibiendo como evaluadora esta revisora. Nótese que este número quedó calculado desde antes de que le modificásemos su 'ponderación' en el apartado anterior. Si así lo hubiéramos hecho es posible que ante la nueva circunstancia esa nota varíe (sobre todo si había pocos evaluadores en total para este envío y por tanto su peso relativo pasase a ser mucho menor o mayor) y por ello, si nos interesa conocer exactamente la nueva puntuación deberíamos refrescar el resultado (botón *Guardar y cerrar*), pulsar en *Recalcular calificaciones* y a continuación volver a entrar.

**Pasar por alto calificación de la evaluación**: Aquí ya sí podemos elegir entre mantenerle a esta evaluadora su nota original como jurado (*No anulado*) o bien asignarle manualmente cualquier otra con el desplegable. Antes de modificarle manualmente su calificación por la evaluación recordemos que ya con

Únicamente permite **números enteros**, sin decimales. Así que si la evaluación valía un máximo de, pongamos, dos puntos las opciones aquí serían sólo esas tres: '0, 1 y 2'

sólo haberla eliminado del jurado (ponderación: 'cero') la estamos penalizando ligeramente –reduciendo su nota como evaluadora– ya que pasa a alejarse aún más del nuevo consenso. Y viceversa, que si la estamos ponderando al alza también estamos desplazando la nota de consenso hacia la opinión de esta jurado y por tanto premiándola indirectamente. Todo ello en este caso concreto (su revisión a Saúl). Recordemos que Belén ha participado también en otros tribunales (como el de Eva y el de Ana) y su nota como evaluadora es la media de los tres. Aquí hemos arreglado sólo una de esas tres.

Vistas las opciones de esa pantalla ya puedes deducir cómo nos va a servir para corregir estas primeras anomalías que hemos mencionado.

## Ajustar la evaluación de los 'peores' revisores:

Ahora que sabemos que podemos ponderar al alza o a la baja la valoración que ha dado cada estudiante a los ejercicios ajenos volvamos a aquel ranking invertido de evaluadores para aplicar una serie de ajustes bastante intuitivos.

Veamos: tenemos por la zona alta aquellos estudiantes que son los 'peores' evaluando. Habrá casos flagrantes y otros no tan claros.
Por ejemplo, estudiantes con una nota bajísima evaluando y además, corroborada por otra calificación también muy pobre en su entrega, o, peor: que no entregaron. Si a esto le añadimos que a veces conocemos personalmente la trayectoria de algunos, ya podemos plantearnos **podar directamente todas sus evaluacione**s por el bien de sus compañeros, que estarían recibiendo unas notas injustas.

Dado que a veces Moodle es algo lento abriendo y cerrando ventanas y nosotros aquí necesitamos abrir siete de golpe para hacer sólo un pequeño ajuste en cada una, un truco muy aconsejable es pulsar la tecla '**Control**' (o 'Comando' en Mac) **a la vez que pulsamos** en cada link.

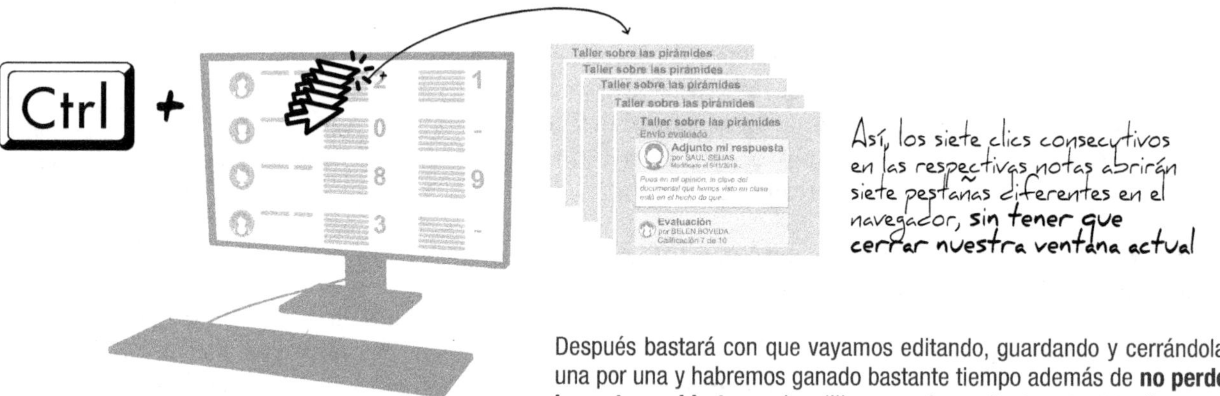


Después bastará con que vayamos editando, guardando y cerrándolas una por una y habremos ganado bastante tiempo además de **no perder la ventana abierta** con la rejilla general, que finalmente actualizaremos

Recordemos que al anular estas siete calificaciones otorgadas por ese estudiante en cuestión no estamos borrando totalmente su trabajo evaluador (ese feedback sigue siendo visible para el compañero que lo sufrió y además él sigue recibiendo una nota como evaluador), sino que lo hacemos por justicia con la nota que reciben los demás, que ahora ven cómo se cae de su tribunal el miembro del jurado más flojo.

No hacemos esto para que 'baje' o para que 'suba' la nota de esos compañeros a los que revisó. Simplemente **deja de influir** en sus medias. Así, si este jurado que estamos anulando le había puesto una nota baja, ahora esa media subirá. Y viceversa, si había puesto una nota alta, ahora esa media bajará. En ambos casos esperamos que se esté acercando a una **calificación más 'justa'** (Definición siempre tan polémica. Conformémonos con entender como tal: 'la que habría otorgado el profesor en su lugar')

Y en el apartado *Pasar por alto calificación de la evaluación* bastará con que 'no anulemos' esa calificación calculada de la evaluación –que ya era baja antes y ahora, además, incluso bajará algo más– o, si lo preferimos, le pongamos manualmente la que creamos.

Caso opuesto: estudiantes que pese a tener una calificación muy baja evaluando a otros sí han recibido una nota brillante por su envío o sencillamente conocemos personalmente su buena trayectoria y sospechamos que no se la merecen. Aquí es muy posible que los culpables hayamos sido **nosotros, por redactar una rúbrica confusa** (no hemos sabido describir a lo que nos referíamos o no hemos cubierto toda la casuística posible, con lo que los estudiantes no han podido evaluar coherentemente) o, peor, que estemos ante situaciones puntuales de 'exceso de conocimiento'.

En este caso del 'exceso de conocimiento' nos encontramos ante un estudiante que aplica criterios correctos pero no explicados en el aula **ni exigibles al resto**, con lo que se queda solo, al corregir alejado del consenso mayoritario, pero obviamente ni deseamos penalizarle a él ni a sus compañeros por no alcanzar ese nivel.

De ser así podemos, igualmente, reducir sus ponderaciones para no castigar a esos ejercicios evaluados y a continuación, en el apartado *Pasar por alto calificación de la evaluación* otorgarles manualmente la nota alta que sí se merecían como evaluadores.

**Ajustar la evaluación de los 'mejores' revisores**:

En el polo opuesto del ránking encontramos a aquellos estudiantes que tienen una nota alta por su evaluación. Observa qué sucederá si accedemos sus evaluaciones y las ponderamos al alza (desde el x1 originario hasta el máximo de x16 que conocemos). Al sobreponderarles estaremos modificando no su nota —ya que probablemente tengan el pleno y de ahí no puedan subir ya más— sino la calificación **de los ejercicios que revisaron**, que ahora pasará a ser más justa. Es decir, el resto de evaluadores dejará de tener tanto peso —los que evaluaron peor, por otorgar una nota más alta o más baja que la merecida— y esa media se acercará más al criterio de estos buenos evaluadores. Es como si, en lugar de entrar nosotros a evaluar en justicia, delegásemos esa tarea en quienes confiamos que lo están haciendo bien. Por otro lado, el resto de jurados ahora verán algo más penalizado su alejamiento del consenso, al estar éste ahora ratificado por una dispersión menor (desciende la desviación típica del conjunto, al haber ahora 'dieciséis' jurados apoyando ese nuevo consenso). Quizás con estrategia *Muy laxa* o *Laxa* se note menos, pero si estábamos aplicando *Estricta* o *Muy estricta* esa penalización se acentuará algo más.

Además, otra utilidad de revisar lo que han hecho estos estudiantes buenos evaluadores es la de observar **las excepciones**. Así, si de sus siete ejercicios evaluados en seis se lleva la nota máxima pero hay un séptimo que le ha dado problemas igual conviene que entremos manualmente a ver qué está sucediendo ahí por si nos encontramos ante un caso de entrega que no encaja bien con nuestra rúbrica o ante un caso de exceso de conocimiento como los comentados anteriormente.

**Ajustar la evaluación de los pasotas**:

Este otro patrón de comportamiento es muy fácil de detectar visualmente. Aquí buscamos a algún estudiante que se haya podido tomar a la torera la labor de revisión y muestre un **patrón repetitivo de calificaciones** (todo dieces, todo ceros, todo cincos). Con unos rápidos golpes de vista detectaremos si estamos ante algún caso así. En todos los cursos me he encontrado con algún estudiante que quizás no tuvo tiempo para revisar como debía a sus compañeros o pensaba que podría pasar desapercibido haciendo una pasada rápida por la rúbrica. En este caso todas sus revisiones deberían ponderarse como 'cero', para borrarlo de esos tribunales en que participó y, además, manualmente, calificarle con la nota que consideremos que merece.

Y nuevamente, tras pulsar *Guardar*, acordarnos de *Recalcular las calificaciones*.

**Ajustar evaluaciones desde el lado opuesto, el del evaluado**:

Al fijarnos en la columna izquierda habíamos encontrado bloques rojos y negros mixtos, de hecho es habitual encontrar los dos colores mezclados. Se trata de participantes a los que, aunque les habíamos asignado sus siete evaluadores, alguno de esos compañeros jurados no ha cumplido. Y, ahora al revés, no es culpa del autor del envío en cuestión que los demás incumplan, como tampoco es mérito de nadie que sí le hayan evaluado muchos compañeros. Por ello, en esta columna en lo que nos fijaremos es en otra cosa: en si hay algún caso en el que alguien haya recibido tan pocas evaluaciones que nos interese **añadir nuestra propia opinión**, entrar a esa tarea y evaluarla como un jurado más, para incrementar el tamaño de la muestra.

Para evaluar nosotros un ejercicio debemos hacer clic **en el título** de la tarea, lo que nos dará acceso a su pantalla de evaluación.

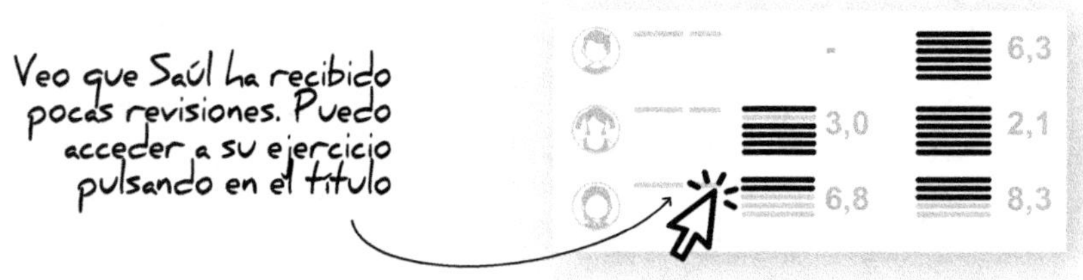



Los menús recuerdan a los que acabamos de ver para la *Configuración de la evaluación*, de hecho, por la zona superior son iguales, pero no nos despistemos: en este caso ya no estamos supervisando la evaluación que hizo Belén sino ahora **la entrega de Saúl**. Observa en la ilustración de la derecha cómo han aparecido dos nuevos botones que no veíamos mientras juzgábamos al revisor. Son *Eliminar envío* y *Evaluar*. Empecemos por este último.

## Taller sobre las pirámides
Envío evaluado

### Adjunto mi respuesta
por SAUL SEIJAS
Modificado el 5/11/2019...

*Pues en mí opinión, la clave del documental que hemos visto en clase está en el hecho de que...*

### Evaluación
por BELEN BOVEDA
Calificación 7 de 10

Formato de evaluación ▸

▼ Configuración de la evaluación

Ponderación de la evaluación `1 ◆`

Calificación calculada de la evaluación    2,7

Pasar por alto calificación de la evaluación    `No anulad`

Retroalimentación para el revisor    `Párrafo`

Hasta aquí habíamos tomado decisiones que **afectaban a la revisora Belén**...

... ahora pasamos a **juzgar el ejercicio de Saúl**

## Taller sobre las pirámides
Adjunto mi respuesta

### Adjunto mi respuesta
por SAUL SEIJAS
Modificado el 5/11/2019...

*Pues en mí opinión, la clave del documental que hemos visto en clase está en el hecho de que...*

`Eliminar envío`  `Evaluar`

### Evaluación
por EVA EGUREN
Calificación 6 de 10

Formato de evaluación ▸

### Evaluación
por RUBEN RAMOS
Calificación 7 de 10

Formato de evaluación ▸

### Evaluación
por ANA ALONSO
Calificación 7 de 10

Formato de evaluación ▸

### Evaluación
por BELEN BOVEDA
Calificación 7 de 10

Formato de evaluación ▸

▼ Retroalimentación para el autor

☐ Publicar envío

Calificación calculada para el envío    6,8

Pasar por alto calificación del envío    `No anula`

Retroalimentación para el autor    `Párrafo ▾`

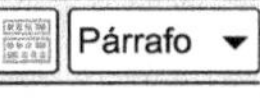

 Mediante este botón ***Evaluar*** podremos entrar a revisar el envío, como un evaluador más que se sentase junto al resto de jurados, y rellenar la rúbrica (íntegramente, eso sí) con lo que podríamos imponer nuestro criterio y las puntuaciones que consideramos que merece –al ponderarnos al alza, hasta ese máximo de x16–. Automáticamente variará tanto la calificación media **del ejercicio** como **la que reciben los evaluadores**, al generarse también un consenso nuevo con nuestra aportación al tribunal. Esta herramienta es estupenda cuando vemos que una entrega está recibiendo evaluaciones contradictorias o creemos valioso poder aportar una revisión más correcta. Ahora bien, antes de utilizarla ten en cuenta la siguiente limitación.

Ya mencionamos en la fase de *Evaluación* que, una vez guardada, la revisión realizada por cualquier participante **se puede modificar libremente**, **pero –ojo– ya no se podrá eliminar**. Pues a los docentes nos ocurre lo mismo: si entramos a *Re-evaluar* Moodle nos obligará a dejar rellena la rúbrica antes de abandonar esa pantalla. La forma de mitigar nuestro peso numérico en ese tribunal sería ponderarnos x0 y la de mitigar nuestro peso moral, no identificarnos, ya que a ojos del autor seguiremos siendo un revisor anónimo, como el resto de los que haya participado evaluando este ejercicio.

Esto me ha resultado frustrante cuando como docente alguna vez he considerado que alguna de las cuestiones evaluadas exigía una respuesta rotunda, por ser objetiva –y así se lo quería mostrar a mis estudiantes con mi aportación– pero a la vez, por otro lado no deseaba imponer mi criterio en algún otro aspecto de la rúbrica, más subjetivo o de evaluación libre y en el que prefería no sentar cátedra. La ponderación hará referencia a toda la rúbrica. No será posible multiplicar x16 algún criterio y a la vez x0 otro.

Muy diferente a *Evaluar* es **calificar directamente** la entrega, es decir, si con el menú inferior, en lugar de *No anulado*, otorgamos esa nota seleccionándola del desplegable.

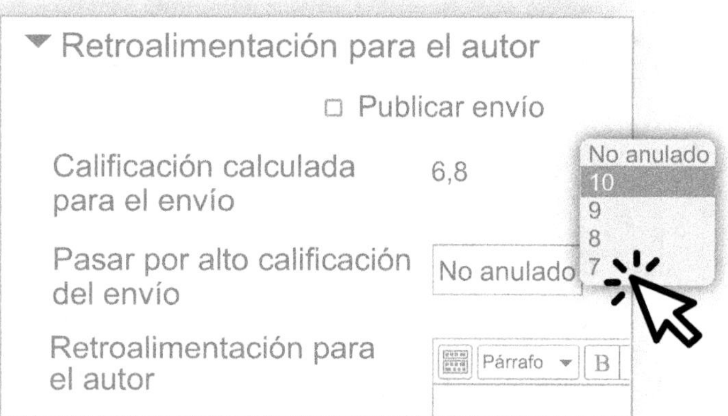


Aquí sólo rectificamos esa calificación recibida por el autor –no la del jurado, cuyo consenso sigue siendo el mismo que fuese antes y cuyas penalizaciones internas se mantienen–. En la ilustración de la siguiente página puedes ver cómo a Belén le he rectificado así su nota por el envío. En lugar del 3 que le otorgaban sus compañeros yo le he puesto manualmente un 2. Moodle me muestra tanto la actual como la rectificada. **Se puede deshacer** siempre, con sólo reactivar *No anulada*.

Además, la *Retroalimentación* que redactes aquí es diferente. Se denomina *Para el autor* y será mucho más preponderante que aquella otra –*Global*–, ya que como veremos después le aparecerá al estudiante en su pantalla principal del taller, separada del resto de evaluadores y, lo más importante, **ésta sí, firmada por ti**.

Otra diferencia entre ***Evaluar*** nosotros detalladamente un envío y limitarnos a ***Calificarlo*** numéricamente es que mientras que lo primero lo podemos hacer a tanto en la fase de *Evaluación* como en la de *Calificación*, para lo segundo deberemos esperar a esta última.

Ahora que sabemos modificar manualmente las calificaciones decodificaremos mejor los **dos nuevos símbolos** que utiliza la rejilla de resultados para resaltarnos estos cambios artificiales efectuados por el docente:

@ **La arroba**: nos indica, junto a un numero, que la evaluación de un determinado participante ha sido ponderada con un valor diferente de 1. Un 'cero' cuando se ha pasado por alto su revisión y entre 2 y 16 cuando, al contrario, le hayamos multiplicado su peso.

– **El tachón**: indica que el profesor ha invalidado una calificación, que ahora aparecerá en color rojo junto a la nueva, la válida, en verde. Funciona igual ya sean notas *por la evaluación* –las pequeñas– como *por el envío* –que aparecerán en mayor tamaño, al estar modificando esa media agregada–.

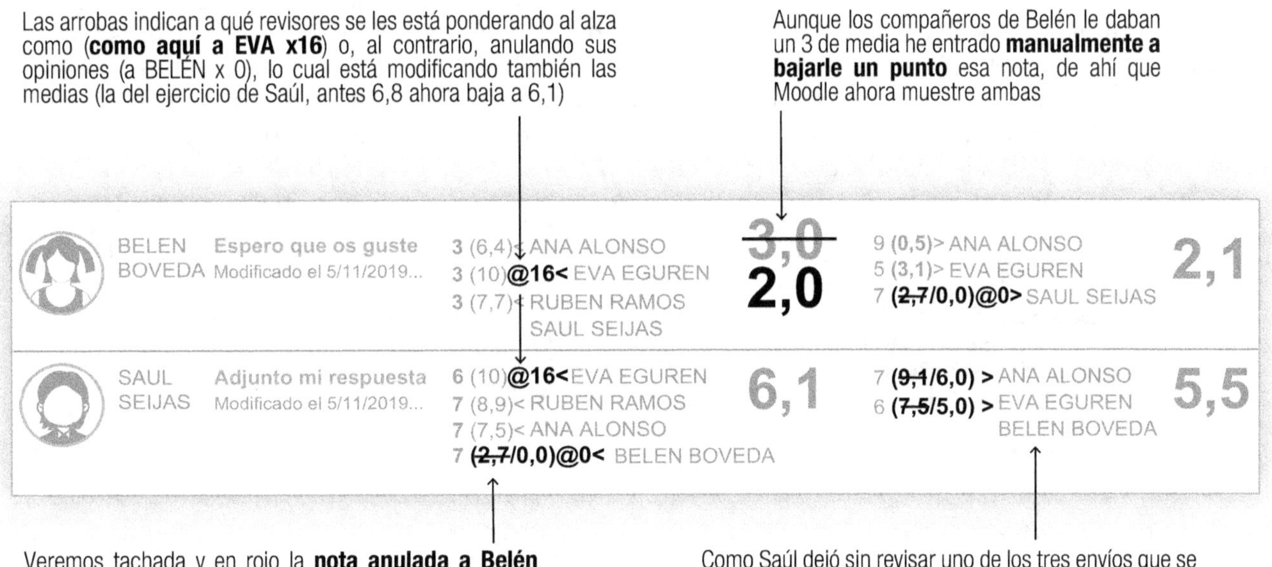



Las arrobas indican a qué revisores se les está ponderando al alza como (**como aquí a EVA x16**) o, al contrario, anulando sus opiniones (a BELÉN x 0), lo cual está modificando también las medias (la del ejercicio de Saúl, antes 6,8 ahora baja a 6,1)

Aunque los compañeros de Belén le daban un 3 de media he entrado **manualmente a bajarle un punto** esa nota, de ahí que Moodle ahora muestre ambas

Veremos tachada y en rojo la **nota anulada a Belén como evaluadora** (ese 2,7) y en verde la asignada manualmente por el profesor (0,0). Nótese que se refleja igual en su equivalente de la columna derecha (Belén revisando a Saúl) que aquí en la izquierda (Saúl recibiendo evaluación de Belén)

Como Saúl dejó sin revisar uno de los tres envíos que se le asignaron –el de Belén– he tomado la decisión rebajarle la nota como evaluador en los otros dos ('pasar por alto'), aquellos 9,1 y 7,5 que antes le daban un 8,3 de media. Ahora **manualmente le he puesto 6 y 5**, es decir, no por evaluar 'mal', sino poco

Eliminar envío

Por su parte, la opción *Eliminar envío* es el drástico método que pone Moodle a nuestra disposición para aquellos casos problemáticos sin otra solución posible –y más habituales de lo que desearíamos–, como, por ejemplo, que algún estudiante haya entregado por error o por desidia un ejercicio que no responde en absoluto a lo que se solicitaba. Y es que cuando sus compañeros revisores intentan aplicarle una rúbrica –por definición encorsetada e incapaz de adaptarse a algo así– las evaluaciones acaban siendo tan dispares e incoherentes que **sería injusto penalizar a esos jurados** por alejarse de cualquier nota de consenso, al no ser culpa suya que el instrumento de medida no previese esta situación.

Recordemos que aunque podíamos devaluar la opinión de un jurado para que no influyese en la calificación, al revés no era posible hacer que el resultado tan injusto de una participación no le influyese de vuelta a él. Por eso en estos casos la eliminación del ejercicio es el método más justo para todos, pero sepamos que **además de que pasa a ser irrecuperable ese envío –automáticamente–**,también se borrarán las calificaciones de quienes lo revisaron, aunque esto segundo sólo se plasmará en sus medias **la siguiente ocasión en que pulsemos en *Recalcular las calificaciones*.**

Con los métodos que habíamos visto hasta aquí podíamos hacer pruebas sin fin, arrepentirnos, cambiar, recalcular e ir viendo el resultado. Pero *Eliminar envío* no tiene vuelta atrás.

☐ Publicar envío

Y al contrario, ante un ejercicio que consideramos 'ejemplar' o aprovechable por los demás, la opción *Publicar envío* nos permite hacerlo visible por el resto de participantes en el taller cuando éste sea cerrado. Así, pasará a estar accesible no sólo para sus revisores, sino también **para el resto de la clase, sin excepciones**: tanto si participaron en el taller como si no, e independientemente del modo de grupos que configurásemos –separados, visibles, etc.–. Todos podrán ver esa entrega y **el nombre de su autor**. A los docentes Moodle nos recuerda qué envíos hemos elegido para publicar diferenciándolos del resto mediante un **fondito de color destacado** en el panel de control.

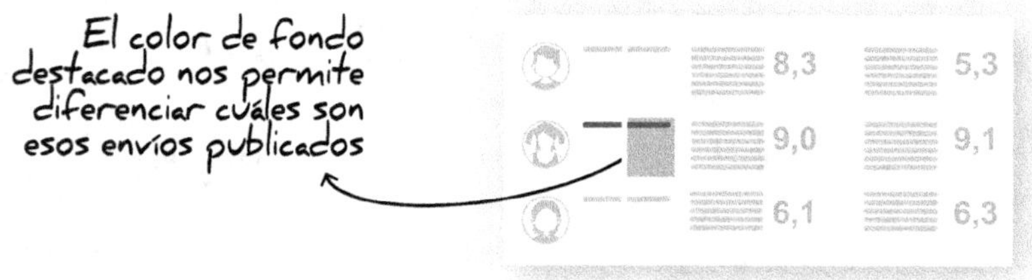


Finalmente, la *Caja de herramientas del taller* esconde dos botones de reseteo. Uno es prácticamente inocuo, **el otro, por contra, peligrosísimo**.

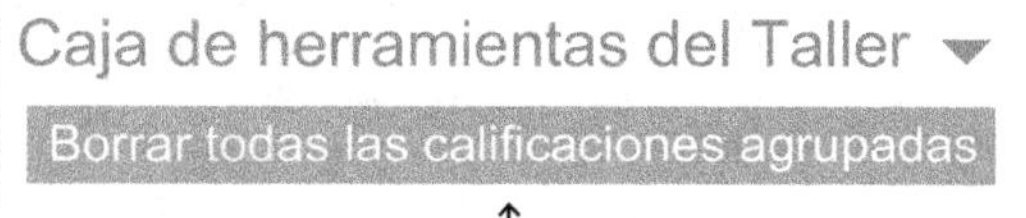

Sólo borra los cálculos. Para recuperarlos basta con pulsar en **Recalcular calificaciones**

Irrecuperable. Se carga las evaluaciones de los revisores. Para recuperarlas tendríamos que ¡**solicitarles a todos que las repitieran**!

# Cierre

**Docentes:**
Con sólo 'cerrar' el taller quedan **publicadas las notas** y añadidas al libro de calificaciones, si éste estuviera configurado

**Estudiantes:**
Conocerán por fin tanto las calificaciones como el feedback recibido por sus compañeros y el profesor

# Cierre del taller

La principal consecuencia de cerrar el taller es (tachán!) que el alumnado conocerá por fin sus notas —es decir, lo que más les interesaba— y que además **se volcarán automáticamente al *Libro* de calificaciones** si así lo habíamos configurado. Hasta este momento, todas las pruebas, rectificaciones, recálculos y demás cocina de datos que hiciéramos durante la fase de *Calificación* permaneció en privado. En el momento en que confirmemos ese *Cierre* del taller destapamos la sorpresa. ¿Y cómo se las muestra Moodle a los estudiantes? Pues los profesores no tenemos nada fácil descubrir qué están viendo en este momento —ni aunque ahora intentásemos cambiar de *Rol*, ya que tampoco participamos de las fases anteriores—. Y resulta que la pantalla que ven ellos difiere bastante de la nuestra. Observa en la ilustración cómo **Moodle les indica ambas calificaciones mediante sendos recuadros bien patentes** que presiden la parte superior de la pantalla. Pero:

1. Mientras que a estas alturas de la película los docentes ya nos hemos familiarizado con los términos *Calificación por el envío* y *Calificación por la evaluación*, a un estudiante que se tope con ellos por primera vez le puede llevar a malinterpretaciones. En mi primer curso descubrí horrorizado, y ya bien adelantado el cuatrimestre, que entre el alumnado se había extendido la siguiente interpretación: que la primera era la calificación que les **ponía el profesor** (!) y la segunda la que se habían otorgado entre ellos al evaluarse. Es decir, incluso cuando ya llevábamos celebrados varios talleres no habían asimilado que eran siempre ellos los únicos que se evaluaban entre sí y que —más importante aún— realizar esa evaluación concienzuda y éticamente era la mejor forma de seguir obteniendo puntos en la segunda fase. Y ello a pesar de que yo les había avisado de ello tanto oralmente en el aula como por escrito, en la Guía de la asignatura. Desde ese momento empecé a utilizar el campo de texto inmediatamente superior, la famosa *Conclusión* del taller que vimos en *Ajustes*, para incluir **una coletilla aclaratoria** que dejase bien claro el origen de cada uno de estos dos dígitos.

2. Si un estudiante sólo ha participado **en una de las dos tareas** —enviar su ejercicio o evaluar a los demás— Moodle únicamente les mostrará **un recuadro**, en lugar de dejar vacío el otro o aprovecharlo para indicarle explícitamente el 'cero' que correspondería a dicha omisión, lo que sin duda habría sido más clarificador.

A continuación les aparece su propio envío, después nuestra *Retroalimentación para el autor* —si se la hubiésemos escrito a este estudiante en concreto—, y a renglón seguido todos aquellos envíos que hubiésemos decidido *publicar*, incluyendo la indicación de sus autores. Por último, el listado de envíos que le hubiese tocado evaluar a este estudiante.

Ahora bien, ¿no echamos en falta ahí algo muy importante? Si revisas de nuevo los apartados te extrañará una **injustificable omisión** en la pantalla definitiva de esta actividad que decimos tan útil para «*aprender dos veces...*» ¿Cuál es?

Qué ve Saúl tras el **cierre:**

## La Pirámide de Keops

| | | | | Cierre ● |
|---|---|---|---|---|
| | | | | |
| | | | | |

← Desaparecen las instrucciones para el envío o la evaluación y su posición ahora la ocupa aquella 'Conclusión' del profesor

### Conclusión ▼

**Felicidades, habéis participado 67 estudiantes y con resultados fantásticos. A continuación, vuestra *Calificación por el envío* corresponde a...**

← Aclaración que conviene incluir

### Sus calificaciones ▼

| Calificación por el envío | Calificación por la evaluación |
|---|---|
| **6,1 / 10,0** | **5,5 / 10,0** |

← Sus dos notas. Y si sólo hubiera participado de una de las dos fases sólo aparecería ésa. (En lugar de indicar como 'cero' las omisiones)

### Su envío ▼

**Adjunto mi respuesta** por **SAUL SEIJAS**
*Enviado el 5 de noviembre de 2030, 17:55*

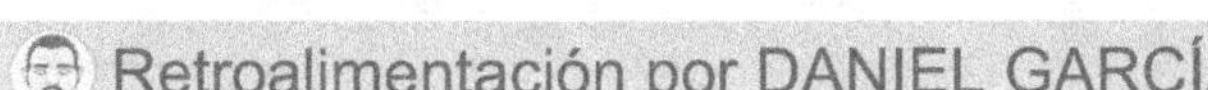

Retroalimentación por DANIEL GARCÍA

**Estupendo, Saúl, veo que en tu ejercicio has aplicado...**

← Tras su envío, la '**Retroalimentación para el autor**' si se la hubiera escrito el profesor

### Envíos publicados ▼

**Ejercicio sobre pirámides** por **RUTH GARCIA**
*Enviado el 6 de noviembre de 2030, 12:25*

**Mi respuesta** por **BLANCA GONZÁLEZ**
*Enviado el 6 de noviembre de 2030, 19:40*

← A continuación, como Envíos publicados, les aparecen los mismos a todos los participantes, sin filtrar por grupo

### Envíos asignados para evaluar ▼

**Ahí va mi ejercicio!!** por **ANA ALONSO**
*Enviado el 5 de noviembre de 2030, 18:30*

**Mi tarea** por **EVA EGUREN**
*Enviado el 6 de noviembre de 2030, 17:50*

← Finalmente le permite repasar los que le tocó evaluar a él mismo

Retroalimentación por DANIEL GARCÍA

**En el caso de tu evaluación del ejercicio de Eva creo que podrías haber tenido en cuenta que ...**

← Y las posibles **Retroalimentaciones como revisor**, si se las hubiéramos hecho

Pues resulta que lo que a los estudiantes se les está omitiendo en esa pantalla final es ni más ni menos que las **evaluaciones recibidas (!)**. Sorprendentemente para verlas tendrán que dar un paso más, el de pulsar **en el título de su propio ejercicio**, algo que –de no saberlo– no parece que vaya a ser su prioridad en este momento.

Me temo que a lo largo de todo el planeta gran parte ese mérito y de los costosos frutos didácticos de todo estos procesos de coevaluación que realizamos los profesores con gran esfuerzo quedan enterrados y desaprovechados bajo ese sencillo paso final. Desde que lo descubrí (recuerda que los docentes no tenemos acceso a esa pantalla tal y como la ve el estudiante, por lo que a no ser que le solicitemos a alguno que nos la muestre no podremos conocerla) he ampliado la coletilla final que mencionaba más arriba y aconsejo incluir la siguiente mención como remate a la *Conclusión*:

> *Enhorabuena por vuestra participación. Habéis entregado vuestro trabajo XX estudiantes, y habéis participado en las evaluaciones ajenas XX, de los/las cuales [...] bla bla...*
>
> *La Calificación* __*por el envío*__ *hace referencia al ejercicio entregado, mientras que la Calificación* __*por la evaluación*__ *se refiere a esa segunda tarea de revisión de ejercicios ajenos*
>
> *Puedes ver el feedback que te han dejado tus compañeros y compañeras* __*haciendo clic en el título de tu propio ejercicio*__*.*

En esas evaluaciones recibidas les aparece cada rúbrica desglosada por apartados, así como los comentarios de retroalimentación que les hayan podido dejar sus compañeros. Es decir, ocupan mucho espacio, y ésta pinta que sea la razón por la que Moodle ha preferido no mostrarlas en la pantalla principal sino dedicarles otra aparte.

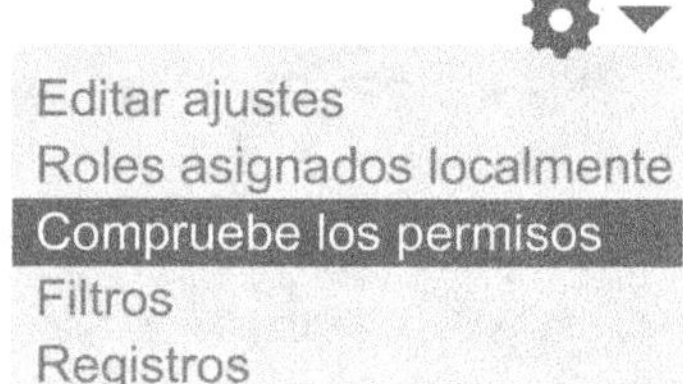


Esas evaluaciones recibidas serán anónimas –siempre que no tengamos configurado lo contrario en *Permisos*. Como ya sabemos, podemos asegurarnos de si esto es así mediante la pestaña ***Compruebe los permisos***–, con la única excepción, de la 'autoevaluación' del ejercicio propio, que, de haberla, aparecerá en primer lugar.

Por el contrario, la del profesor aparecerá la última y sin diferenciarse del resto, por ello, cuando nos dirijamos al estudiante a través de la *Retroalimentación global*, **no olvidemos identificarnos** si lo consideramos necesario, ya que Moodle no lo hará por nosotros.

El otro dato que sí se les muestra es la *Ponderación* de cada evaluación –cuando sea diferente a 'uno'– ya que está influyendo en la calificación final recibida por su ejercicio.

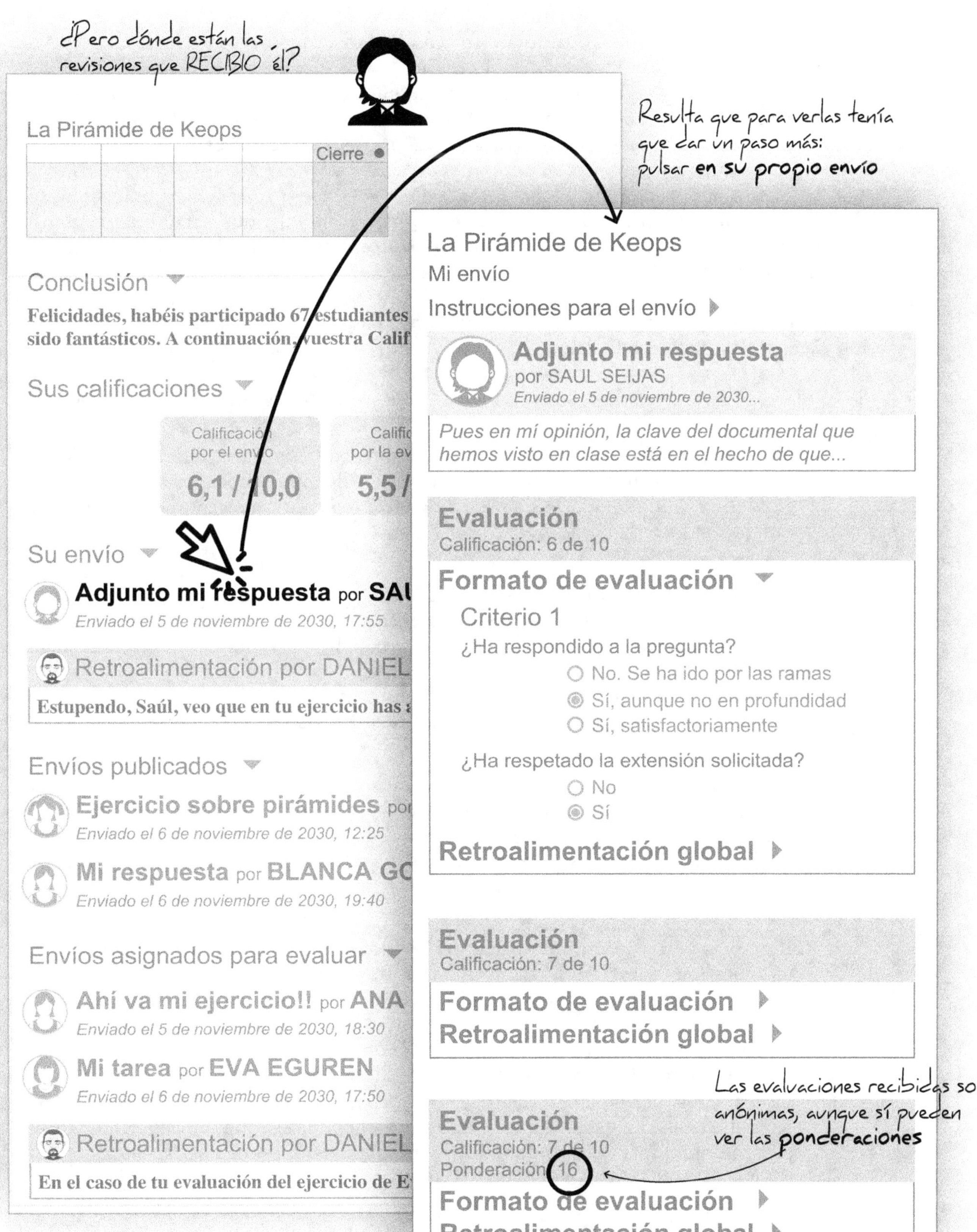
¿Pero dónde están las revisiones que RECIBIO él?
Resulta que para verlas tenía que dar un paso más: pulsar en su propio envío
Las evaluaciones recibidas son anónimas, aunque sí pueden ver las ponderaciones

La Pirámide de Keops
Cierre
Conclusión
Felicidades, habéis participado 67 estudiantes
sido fantásticos. A continuación, vuestra Calif
Sus calificaciones
Calificación por el envío
Calific por la e
6,1 / 10,0
5,5 /
Su envío
Adjunto mi respuesta por SAU
Enviado el 5 de noviembre de 2030, 17:55
Retroalimentación por DANIEL
Estupendo, Saúl, veo que en tu ejercicio has a
Envíos publicados
Ejercicio sobre pirámides por
Enviado el 6 de noviembre de 2030, 12:25
Mi respuesta por BLANCA GO
Enviado el 6 de noviembre de 2030, 19:40
Envíos asignados para evaluar
Ahí va mi ejercicio!! por ANA
Enviado el 5 de noviembre de 2030, 18:30
Mi tarea por EVA EGUREN
Enviado el 6 de noviembre de 2030, 17:50
Retroalimentación por DANIEL
En el caso de tu evaluación del ejercicio de E

La Pirámide de Keops
Mi envío
Instrucciones para el envío
Adjunto mi respuesta
por SAUL SEIJAS
Enviado el 5 de noviembre de 2030...
Pues en mí opinión, la clave del documental que hemos visto en clase está en el hecho de que...
Evaluación
Calificación: 6 de 10
Formato de evaluación
Criterio 1
¿Ha respondido a la pregunta?
No. Se ha ido por las ramas
Sí, aunque no en profundidad
Sí, satisfactoriamente
¿Ha respetado la extensión solicitada?
No
Sí
Retroalimentación global
Evaluación
Calificación: 7 de 10
Formato de evaluación
Retroalimentación global
Evaluación
Calificación: 7 de 10
Ponderación 16
Formato de evaluación
Retroalimentación global

### ¿Es reversible? Qué puedo modificar tras haber cerrado el taller

El cierre del taller es un salto que siempre podemos deshacer. Ahora bien, es muy posible que tus estudiantes ya hayan tenido acceso a sus calificaciones –porque en el momento en que uno las vea y propague la noticia vía WhatsApp en cosa de minutos todos conocerán las suyas–. Por ello, mis reparos antes de avanzar a *Cierre* derivan más de esta vertiente pública, ya que técnicamente sí es posible volver atrás, a la fase del taller que deseemos para rectificar alguna cosa, pero, como intuimos, cualquier modificación posterior de una nota **podría implicar tener que recalcular, en cascada, las de varios** participantes más y con ello obligarnos a ofrecer algunas explicaciones.

Dicho esto, veamos qué es lo que técnicamente nos permite la plataforma actualizar, rectificar o eliminar, desde lo más obvio y sencillo hasta lo menos esperable:

Tras cerrar el taller: Posibles modificaciones **sin influencia** en calificaciones:

1. **La *Conclusión* del profesor**. Lógicamente en cualquier momento podemos seguir actualizándola, sin trabas, ya que se rellenaba en los *Ajustes* principales. Cualquier retoque que le hagamos pasará a ser automáticamente visible por quienes entren en el taller.

2. **Los comentarios de *Retroalimentación para el evaluador***, nuevamente, sin trabas. Verás que puedes entrar clicando en cada cruce y modificar esos campos de texto que después se reflejaban en su pantalla principal. Incluso la *Ponderación*, si se la modificásemos, aparecería publicada, pero todavía no influiría en las calificaciones mientras no pulsásemos en *Recalcular* las notas. Y ese botón desapareció, claro, en cuanto cerramos el taller.

3. Por el contrario, los dos tipos de comentarios de retroalimentación para los autores, tanto el apellidado **Global** como el de **Retroalimentación para el autor,** a secas, sí exigen retroceder a la fase anterior para poder ser editados. Podríamos volver atrás, a la fase de *Calificación*, unos minutos para rectificarlos y se les actualizarían en cuanto cerrásemos de nuevo el taller.

4. Retoques **redaccionales en los criterios** de la *Rúbrica* y sus detalles. También puedes entrar y modificar aquellos enunciados, aunque, claro, esto es delicado. Podría no ser honesto cambiar su esencia ahora, a posteriori, cuando el alumnado ya rellenó aquel formulario atendiendo a su literalidad. Pensemos en retoques ortográficos o de mero estilo, de lo contrario podríamos provocar malentendidos. De hecho, si eliminamos algunos de los criterios –o sus niveles intermedios, por ejemplo 'Regular'– les desaparecerán automáticamente a los participantes, incluso aunque lo hubieran elegido. Así que empezarán a ver en pantalla unos formularios de revisión con algunas diferencias respecto a los que rellenaron ellos. Aunque no modificarán sus notas por el ejercicio.

MODIFICACIONES **QUE SÍ INFLUYEN** EN LAS CALIFICACIONES TRAS CERRAR ELTALLER:

5. Las **notas que introduzcamos manualmente** –con aquella opción *Pasar por alto la calificación*– seguirán pisando a las originales, guardándose en memoria y mostrándosenos con aquel formato doble en pantalla, pero ninguna surtirá efecto –ni siquiera aunque reabramos y volvamos a cerrar el taller– hasta que no ***Recalculemos*** las notas pulsando ese botón. Sólo entonces sí lo harán.

6. ***Re-evaluar*** un ejercicio también te es perfectamente posible siempre que retrocedas a la fase *Evaluación*. Después podrás decidir si *Recalcular* o no de nuevo las calificaciones para que surta efecto cuando lo vuelvas a cerrar.

7. Las modificaciones en las ponderaciones de cada evaluador son siempre públicas. Si con el taller cerrado decido otorgar a Belén un mayor peso en alguno de los tribunales en los que participó lo podrán saber tanto ella como los autores del ejercicio. Ahora bien, sólo a título informativo, ya que, nuevamente, para que tenga efectos en las calificaciones deberemos ***Recalcular***.

8. Podríamos también a toro pasado entrar a la *Rúbrica* para editar no ya la mera redacción de sus criterios, sino sus valores numéricos o incluso suprimir alguno intermedio. Aquí Moodle es taxativo: se siguen guardando las notas tal y como se otorgaron en el momento en que evaluara cada revisor. Las notas por el envío, por tanto, no cambian. Por mucho que volvamos a pulsar en ***Recalcular***. Sin embargo, las notas por la evaluación sí sufren ajustes y vuelven a calcularse. Si volvemos a cerrar el taller, pasarían a ser públicas.

> Realizar modificaciones en los valores numéricos de la rúbrica puede tener **mucho sentido pensando en reutilizaciones futuras**. Si te arrepientes de alguno y quieres guardar los cambios para usar el mismo taller el año que viene, es muy útil hacerlo. Ahora bien, si modificas su redacción, **los participantes en el actual verán tu nueva versión**. Por ello, para, cualquier tipo de cambio es más aconsejable **duplicar** el actual, ocultarles la copia y trabajar sobre ella.

9. La **nota total** que valga el ejercicio, tal y como asignamos en los *Ajustes* generales –tanto por el envío como por la evaluación– siempre se puede seguir modificando, que Moodle automáticamente ajustará las calificaciones –y las incluirá en el *Libro de Calificaciones*– sin necesidad de hacer nada más. Esto también se puede editar en cualquiera de las fases anteriores.

10. ¿Y modificar la ***Estrategia de calificación*** (de *Rúbrica* a *Comentarios*, por ejemplo) y volver a reabrir el taller? Como vimos, técnicamente es perfectamente posible. Se guardan todas las evaluaciones y las calificaciones y sólo se modificarían allí donde los propios participantes vuelvan a entrar y a evaluar. Al resto se les mantienen las notas. De hecho, revertir de nuevo este cambio (volver ahora de *Comentarios* a *Rúbrica*) recuperaría toda aquella información original [Pero recuerda aquel efecto pernicioso explicado en la pág. 43].

# Reutilizar el taller

Tras finiquitar el taller es posible rentabilizar toda esa inversión de tiempo reutilizándolo tantas veces como queramos. Podemos generar una copia de la actividad, igual que con cualquier otra, pulsando en *Duplicar*:

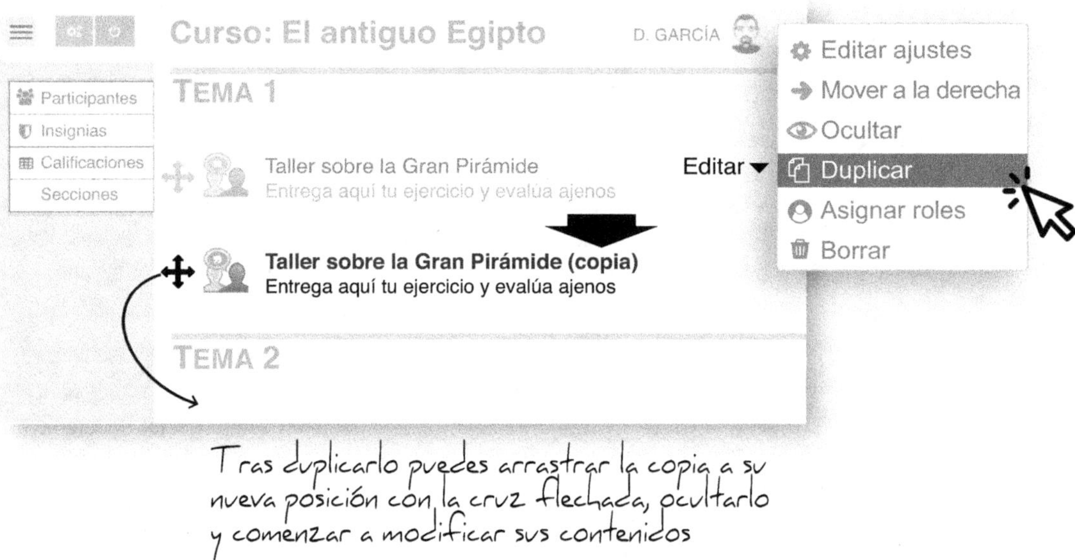


Tras duplicarlo puedes arrastrar la copia a su nueva posición con la cruz flechada, ocultarlo y comenzar a modificar sus contenidos

La nueva versión, a la que el sistema bautiza con el apellido '*copia*', aparecerá sin rastro de haber sido utilizada por los estudiantes, es decir, vacía de respuestas al ejercicio, sin asignaciones cruzadas ni, por supuesto, evaluaciones o notas. Toda la información de los usuarios desaparece y queda lista para para ser reutilizada.

Ahora bien, sus posibles ajustes temporales –como **fechas y horas de apertura y/o cierre pasadas**– también serán copiados, así que si estaban habilitados en el original ahora deberemos actualizarlos.

Ten en cuenta que la copia **aparecerá en la misma fase** en la que estuviera el taller original en el momento de ser duplicado, por lo que conviene ocultarlo temporalmente –menú *Ocultar*–, para no confundir a aquellos estudiantes que pudieran encontrárselo en la portada del curso invitándoles de pronto a *entregar* o a *coevaluarse*. Lo devolveremos la primera fase –*Configuración*– para acicalarlo, modificar y editar sus partes antes de hacerlo visible otra vez como si fuese una actividad totalmente nueva.

Y, tachán, la roca de Sísifo habrá subido ahora la mitad del camino ella solita.

# NOTAS